看透

解密身体语言隐藏的密码

[美]格雷格·威廉姆斯(Greg Williams)◎著
苏静涛◎译

BODY LANGUAGE SECRETS TO WIN MORE NEGOTIATIONS

北京联合出版公司
Beijing United Publishing Co.,Ltd.

图书在版编目（CIP）数据

看透：解密身体语言隐藏的密码 /（美）格雷格·威廉姆斯著；苏静涛译. -- 北京：北京联合出版公司，2017.9

ISBN 978-7-5596-0732-4

Ⅰ.①看… Ⅱ.①格… ②苏… Ⅲ.①身势语－基本知识 Ⅳ.①H026.3

中国版本图书馆CIP数据核字（2017）第173503号

著作权合同登记号 图字：01-2017-2842

看透：解密身体语言隐藏的密码

作　　者：（美）格雷格·威廉姆斯

苏静涛　译

总 发 行：北京时代华语国际传媒股份有限公司

责任编辑：张　萌

责任校对：孙丽丽

封面设计：仙　境

版式设计：姜　楠

北京联合出版公司出版

（北京市西城区德外大街83号楼9层 100088）

北京鹏润伟业印刷有限公司　　新华书店经销

字数180千字　　690毫米×980毫米　1/16　　15.5印张

2017年9月第1版　　2017年9月第1次印刷

ISBN：978-7-5596-0732-4

定价：45.00元

献　辞

X

感谢我业已离世的母亲，罗莎·M·约翰逊女士。您生前的谆谆教诲，助我后来逐渐成长为谈判专家。假使您在天有灵，也应会为自己的儿子做出的贡献而感到自豪。感谢米尔本·普雷斯顿，从他那里我学到了许多人生经验，懂得了如何做个顶天立地的男子汉。感谢您。尽管颇费了些时日，才有今日的成长，但毕竟我做到了！

感谢乔尔·亚当斯，引领我关注政商两界的现实。正是这些或难或易的课程令我获益匪浅。

我还要感谢编辑帕特·艾耶，感谢她的友谊和对此项目的投入。她高超的写作能力为本书增加了不可估量的价值。

目　　录
CONTENTS

引　言

X

环顾牌桌，你认为自己有一手好牌：一对J和一对7。最后一次加注时，其他三位牌友都跟了注。你要不要再加注呢？

在你左边的约瑟，年纪最小，戴着一副墨镜遮住了眼睛，左手的拇指轻敲着桌子；在你对面，乔治娅正心不在焉地搅着她的杜松子酒；然后就是坐在你右边的那位老兄贾马尔了，只见他啧啧有声地吮吸着含片，还挠着鼻子。

你决定全押，把所有筹码推到了桌子中央。约瑟和贾马尔弃了牌，乔治娅满怀信心地亮出了自己的一对A，而你则微笑着拿走了所有筹码。

你赢就赢在熟练地破解了对手的身体语言，那些或隐或现的信号无意中透露了他们的想法和情绪。谈判专家能做到这一点，就在于他们能够破解身体语言后面的信号，从而了解对手的心思。当然，他们也善于谨慎地控制自己的身体语言。

《看透：解密身体语言隐藏的密码》中的案例人物表现出了惊人的洞察力，并展示了身体语言、微表情和情商是如何影响谈判结果的。本书不仅教会你解读非语言信息，也会助你发掘多门实用利器，这样就能将无声的线索转化为谈判桌上的优势。

读完这本书，你会有什么收获？《看透：解密身体语言隐藏的密码》将帮助你识别谈判对手的身体语言和微表情表达了什么。它也将教会你如何控制自己的表情和身体语言，因为无论你是做出了反应还是没有反应都将会对谈判产生举足轻重的影响。本书不仅有助于你更加娴熟地运用情商、谈判策略和情绪热按钮等知识，同时还将通过识别身体语言提高你的上述能力。

以本书为指南，谈判必将捷报频传。对书中的案例、故事、练习和谈判技巧等加以研习，势必会成为你日后谈判的利器，令你在谈判桌上信心倍增。你将懂得识别谈判对手的身体语言和微表情的诀窍。你将能够回答如下这些问题：

- 布置会场时如何采取微妙的方法影响谈判对手？
- 颜色是如何影响谈判的？
- 如何驾驭情绪从而主导谈判？

· 谈判时到底该站着还是坐着？

· 如果有人先是向上看，然后向左看，这意味着什么？

· 如果谈判者开始冒汗，意味着什么？

· 如果有人皱了一下眉，意味着什么？

· 如何使用相似性原则与对手拉关系？

· 如何判断那个人和你有同感？

· 如何发现谈判对手正在撒谎？

此外，你还将学会以下技巧：

· 能够使用无形的“武器”引导谈判走向成功，比如布置谈判现场；

· 娴熟地辨识出你或对手何时在利用情绪影响谈判结果，并且学会利用这种知识获取优势；

· 能够使用大量谈判策略——有些是你之前从未考虑过的；

· 基于解读到的谈判对手的信号，灵活调整策略；

· 克服谈判中的普遍性障碍；

· 使用系统模型计划和实施更为成功的谈判。

如果你希望自己的生活风生水起，谈判水平不断精进，那么《看透：解密身体语言隐藏的密码》这本书绝对不容错过！

第一章

无声的信号：关注或隐或现的线索

采购总监沙玛·莫迪不动声色地观察着坐在对面的供应商。比尔·沃尔特斯先生试图游说沙玛拿出一大笔资金投资他的产品。沙玛看着比尔。只见他坐在座椅上，每隔几分钟扭动一下身体，去端咖啡杯的双手也微微颤抖着，脸上甚至还流着一道汗迹。沙玛说：“比尔，我有种感觉，这桩生意对你十分重要啊。”“哦，不是这样的，”比尔答道，“我们生意很火啊。”沙玛在心里暗自掂量了一下形势，然后开出了一个报价，远低于比尔要求的数额。比尔愣了一下，说：“好的，就这么定吧。”

这种情况下，沙玛马上察觉到了比尔的焦虑，他嘴上虽然强调说“不是这样的，我们生意很火”，然而他的身体语言却出卖了他。比尔实际上非常需要这笔生意。根据获得的信息，沙玛调整了原来的报价。本章将告诉你如何在谈判桌上关注对方的身体语言，对看到的现象进行思考并为我所用。

非语言交流的身体语言

交流既可以是语言交流，也可以是非语言交流，即身体语言。语言交流是通过你的声音来传递的。譬如你清了清嗓子，你可能想说“我呛着了”。

你的身体正试图适应你所在的环境，它不时地做出修正，并根据你的感受发出信号。这就是你为什么需要时刻关注身体语言信号的原因之一。

非语言交流的形式可谓不胜枚举：

- 头部运动
- 挤眼睛，摩挲手指、双手、胳膊或腿
- 扭动身体，拖着脚或以脚敲地
- 就座时抖腿或敲手指
- 打手势让某人靠近或离开
- 微笑
- 闷闷不乐
- 愁眉不展

研究证实，人类 90% 的交流都是通过身体语言传达的。语言交流仅占全部交流的 10%。其他人在观察你的身体所传达出的微妙信息，因为 90% 在交流过程中已属很大比例。每个人都应熟知身体语言信号。你嘴里可能说了些言不由衷的话，但你的身体语言却会出卖你。如果你的身体语言发送出不同信号，你所传达的信息也将会减弱，因为你的身体语言和你的语言交流处在两个不同的频道上。

人们对身体语言的感知远远超出了我们的想象。很多时候我们会谈论与人互动时的某种感受，我们感知到了却并未真正意识到那其实是身体语言发出的信号。另外当你和某人通电话时，你也会捕捉到许多非语言性的线索。哪怕只是读书，你也可以根据作者的用词和语气而感受到其中的变化。

从头到脚的身体语言

关注人们的手、臂、脚、嘴和头部动作，这样有利于更好地感知身体语言。人们的手势会透露很多信息。你不妨这样想象：此时的你正和比尔面对面地谈判。下面我将带你观察你应关注的东西。

用头部表达的身体语言

头部姿势绝对可以透露人们的内心所想。侧着头意味着他可能在思考，也透露出比尔是如何的渴望或者说努力想要找回自己说出去的话。

眼睛的移动则代表着思考的进程。每当回忆起过去发生的事情，大多数人倾向于眼睛朝上和朝左看。你可以观察人们对于某客观评价的反应来测验是否灵验。譬如你可以这样问：“昨天的天气真不错。你还记得上周这个时候天气怎么样吗？”观察他向哪里看。如果他朝上和朝左看，证明他正在回忆。如果他朝上或朝右看，他可能在做着同样的事情。这样你就掌握了他的基准规律（例如，头脑检索信息时朝哪里看），并进而判定他的行为所蕴含的意义。

要实现这种反向操作，意味着你还需继续深入，再问些另外的问题。这时你不妨再问个客观性的问题，诸如你们共同经历过的事。“你还记得（某件具体的事）是什么时候发生的吗？”然后观察比尔是如何移动眼睛以努力地回忆你提出的问题的。

当比尔眼睛往上和往左看，你就知道他正在回忆自己真实经历过的事情。从而你得出他在回忆时倾向于向上和向左看的结论。当他试图记住某种声音，他会倾向于直接向左看。如果他回忆某种听觉信号，并考虑那是什么声音时，他会倾向于向下和向左看。

假设你在和比尔讨论一些情感相关的话题，观察他的眼睛活动。涉及情感话题时，人们通常会向下和向右看。这一点对于谈判桌上的你非常关键，因为它会透露人们对某次报价、某次还价等的真实感受。

如果人们直接向左看，或许他在尝试想象之前从未听过的声音。譬如，如果我问他：“如果一头牛和一只鸡合体，想象一下它会发出怎样的声音？”比尔会倾向于向右看，因为他正试图构建这种声音。

假使他向上和向右看，这些表象证明他正试图在头脑中构建一种形象或想法。你还可以顺着这条线索继续发问：“根据最近几天的天气状况，你觉得未来一周的天气会怎样？”只见比尔向上和向右看，试图回答你的问题。

我只不过以天气为例，但是从谈判的角度来说也同样适用。既然你已掌握了比尔眼睛活动的定式，就可以借此判断他的诚实度。你可以首先发问：“这算是你最好的报价了吗？”然后观察他眼睛移动的方向。假设他向上并且向右看，证实他正在构想这到底算不算最好的报价。

不妨继续深入。你可以继续这样问：“我记得在过去……”注意此时你已给出了一个隐性的方向。“我记得在过去，你的产品仅有75%通过了初步质检。”根据你之前观测到的眼部移动模式，你可以判定回忆过去的事情，比尔应该会向上和向左看，但相反，他却是向上和向右看的。这样你知道很可能他在试图做出响应，而你没有得到精确的回应。没承想你只需看看他眼睛怎么动，一切就已了然于心。详见图1。

头部的运动还需结合话语综合考虑。如果当比尔说：“是啊，那不是真的。”并向前点着头。这个谈判原则下文我还将反复讲到，那就是：如果某人说的话和他的身体语言冲突时，一定相信他的身体语言。因为身体不会说谎。它总是试图展现真相。

如果和比尔谈话时，你注意到他的嘴角向上卷曲。这是蔑视的迹象。他可能用这种表情表示，“你怎么敢让我难堪。不要这样虎视眈眈地盯着我。”如果他深谙解读身体语言之道，他可能想说“你想做什么，我一清二楚！你那套在我这里行不通”。

比尔微笑着，或反驳或回答你提出的问题。若面带笑容的同时，他身体后仰，双手交叉置于脑后。这种身体语言和微笑暗示着：“好吧，这个问题问得好。哥们儿，请继续。”实际上他在逃避回答这个问题，预示着或许你已经真正觉察到了什么或者已经触碰到了他想回避的敏感点。

如果比尔两手置于脑后，就意图告诉你他仍控制着局面。身体后仰意味着他需要时间做出响应，这时要留意他随后说话的语气。假使他说：“我不确定那个声明是无效的。”那此时他也在质疑那个声明的效力。但也可能做出与此姿势迥异的响应，如比尔说“那绝对不是真的”，那就是一种强调陈述了。

观察一连串的姿势

通过观察对方一连串的身体语言来确认比尔的谈判立场。如果他并非面带微笑，而是皱着眉头，就很可能代表他对你提出的问题表示不屑。“你根本不清楚自己在说些什么”或许是他暗含的意思。观察他是远离你，还是靠近你，是面带微笑，还是皱着眉头，他的嘴角是否上挑显露心有不屑，还是一边说话一边偶尔身体前倾。

假如比尔坐在桌旁，两手交叉，置于桌上，身体前倾，面带微笑，并且说“那绝对不属实。最近的研究证实，我们的产品质检一次通过率为95%”。他的双手姿势显示他有耐心，身体前倾则显示无论是反驳你，还是与你面对面你谈判，他都有着十足的信心，认定自己可以掌控局面。

在此我着重突出了比尔的感受，因为如果他引述的数据不准确，我们有时会说“他撒谎了”。但实际上，即使他的身体语言与所说的话完全呼应，也不一定就必然如此。与此相反，他可能真的并不知道答案，却认为自己讲述的全是事实。根据你自己对数据的了解，你可以这么说：“根据贵司质检经理发布的年度报告，实际质检通过率为75%”。然后观察比尔对此做出怎样的身体反应。

人们会释放出一系列语言和非语言信号。了解该关注哪些信号将有助于你洞察谈判对手的思维过程。掌握这些信息，你便可游刃有余地把握对方的报价和还价的定位。判断他们是已准备好未来报价和还价，还是“我最好接受这个报价，否则的话我可能面临丢失这桩买卖的风险”。如果你可以洞察和解密这些语言和非语言信号，你的谈判就可以取得事半功倍的效果，事业也必然会飞黄腾达。

双臂如何传达含义

前面我们说到了眼部运动、头部姿势，以及微笑和皱眉的含义。当比尔张开双臂，他展示的事实是他愿意接受你和他目前讨论的内容。

有时人们也会交叉双臂，但不要被这些表象误导。不太了解身体语言的人们这时候可能会说："瞧那个人，双臂交叉在一起，证明他这个人不善于接受；他不够开放。"这种情况也是存在的，但是别忘了我前面怎么说的，你务必先要建立某人身体语言的定式，然后再根据他的某个姿势判断他想表达什么意思。你需要通过研究一系列的身体语言姿势确定其含义。

随着谈判的进展，若你发现比尔坐在对面，双臂交叉，还跷起了二郎腿，那十有八九他有点兴味索然，不像你期待得那么意向强烈。这就是双臂和双腿交叉等一系列身体语言的含义。

由于骨骼的原因，女性比男性更倾向于交叉双臂。交叉双臂可能有多重含义：

- 疲惫
- 感到寒冷
- 试图使自己感到舒服
- 为刚才的得分感到满意
- 同意你的观点

注意对方交叉双臂的时机。如果比尔在对他有利的条件达成之时交叉双臂，你就知道比尔这么做是在表示满意，而与之相反则表示不满意。观察人们使用身体语言的定式，破解其背后的含义。

双手传达的含义

观察人们讲话时是否掌心向上，若掌心向上则表示他们接受你。不过人们的语言和身体语言可能存在冲突。假使比尔手心向下，对你说："我认为这个报价对你来说很合适，你应该接受才是。"这就传达了一种自相矛盾的信息：当比尔说这个报价合适时，他的掌心向下，表示"我并不认为这个报价对你合适，这个报价对我来说也可能是极其危险的"。这时你就需要持续观察对方的姿势，以得出对方使用手势的定式。

一位优秀的谈判专家可能在你提出报价时说"我觉得这个报价还不错"，同时掌心向下。那他可能有意为之，想要告诉你他并不确认这个报价是否合适。意图诱导你暂时相信他说的话，然后再徐图谋之，尝试拉低报价。

注意人们使用手势时的诸多细微差别。有意观察对方的手势，以便建立他的手势使用定式。手势可能与谈判的具体时机相关，也可能与一系列其他非语言的身体语言相关。他们可以引领你在谈判时形成可供检验的预判。

说话时抽回一只手，可以着重突出你打算做手势的那只手。比尔右手掌心向上，而收回右臂，与此同时他伸出左臂且掌心向下，嘴里说："这桩买卖对你来说简直再好不过了，我建议你成交。"通过收回右臂且右手掌心向上，比尔的身体语言传达的含义是这桩买卖对你大有好处。他伸出左臂且掌心向下，意图告诉你"实际上，我想引导你认为这是桩好买卖"，但是综合两种信息你意识到你还有待继续观察。

关注双臂和双手可以做出各种不同的姿势，传达很多含义。如得以正确解读，它们可以向你展现一种影响谈判定局的思维过程。

握手

假使比尔一只手放在你手上，表达的信息可能是"我比你强，但是我支持你"。你可能感觉受到了冒犯。但是那并不一定是坏事。作为回应，你可能会心里暗想："你可以自我感觉高人一等，但是要小心。事情会有变化。"你也可能决定释放出完全不同的身体语言信号以掌控谈判局面，有可能放出大招使比尔出局。当你关注对方如何握手时，你也可以洞察他的真实想法。即使大家只握了个手，谈判才刚刚开始，你也可以抓到比尔的蛛丝马迹。

留意握手是否用力。用力握手，可能想表达“别惹我”的意思，也可能是性格柔弱的人为了避免别人觉得他柔弱的一种过度补偿。比尔可能在想：“我太想谈拢这桩生意了，但是我宁可丢掉这桩生意也不能示弱。”这种想法就会过度补偿为用力地握手。

下面我们就讲讲如果别人用力地握你的手时，你该怎么办。主动多握几次手，看看握手有什么变化。如果力度有所缓解，想想是什么原因导致握手情况有变。

最初的握手是用力还是柔和，在谈判过程中是否有所变化？通过感受握手力度的变化，你可以洞察谈判对手的想法。如果你还注意到了其他身体语言（或是一系列姿势），你便可以判断出他的看法改变以及改变的原因。综合各种姿势有助于你判断其他谈判者的想法。

用手去触碰谈判对手

谈判过程中最稳妥的可触碰的身体部位是：肩膀和臂肘。

以手拍肩

如果某人以手拍别人的肩膀，则暗示他自我感觉比别人强。你应该时刻清醒地判断自己和对手的谈判能力。不要让错误知觉白费了谈判的心血。如果你身高不及对手，你可以站近一点加以弥补。这样你就发出一种潜意识的信息：我一点也不怕踏入谈判对手的领地。如果你不希望传达这样的信息，那就站得稍微远一点，这样就不会像你站得近时那样拉大身高差距了。

拍拍肩膀，还可以用以宽慰别人，意思是“别担心啦，我会处理好一切，为你争取到最好的报价”！拍拍肩膀还可以代表安慰，所以你不仅要明白为什么要做出这样的手势，还要知道该何时做出这样的手势。拍拍肩膀能透露出很多东西。

以手拍肘

当比尔握着你的手还把一只手放在你的臂肘上时，这意味着他额外的控制。因为他一只手握你的手，一只手抚肘，意味着他完全可以推动你。他可以把手指压在你臂肘上，让你略感兴奋或是不适。

假使比尔握着你的手，说“别担心这个。我保证一切尽在掌握，你尽可放心”。当他说这句话时，以手轻压你的肘部，可能你都不会注意到。你可能会想：“是啊，我还有什么可担心的，既然他都握着我的手信誓旦旦地保证了。”但是他手轻抚你的肘可能只不过是想要控制你而已。

如果你注意到别人和你握手时，用另一只手轻抚你的肘，你可以这样应对：不妨把自己的手也放在他的肘上，显示你和他具有一样的控制力。留意他这时候是怎么做的。这一系列动作远比单个动作更能准确无误地暴露心态。

双腿的姿势

想想最近你见过的坐着抖腿的人吧，他或许在表达一种不适或焦虑。站着摇晃身体的人同样也可能在表达一种不适感。这种摇晃的动作正是一种自我安慰。舒服姿势的重要性取决于它在谈判过程中出现的时机，以及之前和之后的姿势如何。如果人们感到心情愉快，讨论的问题都能取得一致意见，那谈判参与者可能会做出这类姿势。他之所以做出舒服的姿势，绝大多数情况下说明他内心感到舒服。如果谈判陷入针锋相对的情况，可能就大相迥异了。如果感到威胁，他可能就会揉搓着双臂，这种状况下他的姿势证明他在试图缓解心中的焦虑。

譬如坐在你对面的比尔跷着二郎腿，交叉的双腿代表着舒服，表明他满意和你谈及的内容。为了判断比尔身体语言的意图，你需要关注自己做出的姿势的匹配度。如果看见比尔跷着右腿，你也跷起了右腿，那你更有可能赞同他的观点。你们两个似乎在通过身体语言表达彼此是如此的合拍。

如果碰巧你伸直了右腿，他也跟着伸直了右腿，证实你或许可以主导比尔的想法。这意味着他和你看齐，并且对你提出的要求感到舒服。

不妨换个场景。假如比尔跷着右腿，而你左腿跷起。你的身体语言透露你们并不同步。

脚踝和双脚

现在让我们说说脚踝与双脚吧。当比尔就座，他一直不停地移动他的双腿，前前后后。他可能想表示他对谈判过程感到厌烦。这意味着：“好吧，让我们说下一个吧。”

想要确切地判断比尔有多不耐烦，或者为什么在那个时刻做出某个特殊的姿势，你可以这样说：“我略懂一点身体语言，我认为移动脚踝和双脚代表焦虑。”作为一种谈判策略，可以提醒他人注意到他的动作，并且想他为什么要那样做。你可以问他，让他告诉你那个动作的含义，然后观察后续动作：他是否还在继续动脚？他从什么时候开始继续动脚的？

现在想象你正和比尔面对面站着聊天。观察一下他双脚的站位，若比尔正忙于讨论而你们两人的双脚是对齐的，那他可能想要向你证明他和你势均力敌。从谈判的角度来说进展非常顺利。

密切关注人们的双脚动作，无论是一只脚还是另一只脚。哪怕你正和他四目相对，你可以在不耽误谈话的同时，关注他双脚的动作。如果你正说到某谈判事项时，恰巧注意到与前面和你双脚对齐时相比，比尔的双脚远离你或者两脚尖方向略有不同，那这个姿势意味着比尔已经开始厌倦了。你还应该衡量一下这是由于身体的疲乏还是精神的疲惫。你需要关注动作的时机，但是无须牵涉过多的精力在上面。它还可能意味着比尔想让你知道他不同意你的报价。正如他对这桩生意的看法一样，此时你的双脚也不再对齐。

此时你可以做几件事。边说话边调整位置，使得双脚和其他谈判者对齐，然后观察他的左脚和右脚的动向。如果你说话时他的双脚始终与你的双脚对齐，他就通过身体语言向你暗示他对你说的话持肯定意见。

假使比尔动了动腿，使他的左脚和你的右脚对齐，但是他的右脚尖指向你的两脚之间，很可能这表示他已经和你达成共识。当你提出更多意见时关注他的脚部动作，因为这样就可以在一定程度上精确洞察他的想法了。双脚可以给你诸多暗示，帮助你洞察谈判对手的思维进程，因而在谈判中需要对双脚给予密切关注。

脚部动作可以是一连串身体语言中的一部分。若比尔的双脚仍与你对齐，但是他以右手抚前额，左手仍置于身侧，并且抓起了前额。尽管此时他的双脚仍保持对齐状态，但是他的身体语言却传达出这样的信息：“我认为现在可以结束这桩生意了。但是我在考虑你说的其他事情，打算看看那些是对你我谁更有利。我愿意就这样下去吗？”完成这一系列盘算后，如果比尔的双脚移离你，你会发现他显出犹疑不决的神态。所以要密切关注这些动作，它们会精确地透露谈判对手的想法。

拥抱

想想人们在拥抱时是怎么做的？从这些非语言交流中我们可以得出怎样的关键信息？

某位男士接近某位女士，然后开始拥抱她。若她允许他拥抱她，这意味着欢迎和接受。同样的情景，男人开始拥抱这位女士时，她如果心意冷淡，可能就不会允许他近身了。那如同在说：“嗨，朋友，注意界限，我希望你不要越界。”

让我们再换种情景。如果女士热情地全身正面拥抱男士，而男士反应淡漠，这意味着“你有点太热情了，这令我内心惶恐”。你会认为对于男士来说意味着彻底相反的意思，但是那个信号只传达了这样的信息：“你全身拥抱，令我略感不适。”

如果接下来，男士也给了女士一个热情的、全身正面的拥抱，那可能传达这样的意思：“我承认你和我平等，你不会占有我的领土，我也不会占有你的。我们是平等的。”

隐藏身体语言

熟练掌握身体语言的密码之后，你可以尝试隐藏自己的身体语言。人们训练他们克制自己的反应。譬如，受过专业训练的人士通常能够在受干扰的状态下保持面无表情，这种训练使得他们能够控制自己的身体语言，以免向人们传达过多信息。

同样，训练有素的谈判专家也需要努力隐藏自己的反应。假使你侦测到谈判过程中比尔正在试图隐藏、控制或是克制自己的反应，一种对策是正面交锋：“我有点好奇。你看起来似乎对我说过的事没有任何反应。我这样说对吗？”看看比尔是怎么反应的。他有可能眼帘低垂，承认“是的，你看得没错”。他仍然没有给你任何真正的暗示。但是假如他挺着头，看着你，面带笑容，确定地说：“我正认真地听您说呢。”你可以这样说：“我很高兴你能这样说，我就是想确认你是否还在听。”“我当然在听。”比尔答道。同时注意观察人们此后的身体语言。

有时人们会刻意隐藏他们的身体语言，因为他们知道谈判对手能够解读这些非语言信号并用于谈判。尽管他们会做出各种尝试，试图隐藏自己的反应，但他们的身体却总是诚实的。我们的身体仍会在我们不知情的情况下散发出信号，尽管有时我们尝试阻止这些信号的发出，但身体会基于人们意识到的事实自然而然地做出反应。

除了直接询问谈判对手为何没有做出任何身体语言之外，还可以改变整个状态。如果事态严峻，不如讲个笑话看看大家什么反应。做点在人们看来可能有点出乎意料的事。与此同时密切关注谈判对手的身体语言。

低能量的身体语言

如果人们试图隐藏身体语言或展示低能量的身体语言，他们会减少面部表情或避免身体动作。观察比尔发现如下线索：

- 比尔的姿势和语言不一致
- 他的手臂和双手贴近身体
- 他不接触其他人目光
- 他的姿势缺乏力度或重点
- 他嗓音温和、说话语速慢

身体语言能显示出你对谈判对手的策略、报价和还价做出的反应。如果在谈判中恰当地使用身体语言，你也能向谈判对手展示你的掌控能力。

有种说法是“谈判时谁先开口谁就输了”，但这种说法并不一定属实。在这种情形下也有很多种变量确定谁先开口输到什么程度。讲到谈判策略，有的谈判者可能极为擅长或精通身体语言。他可能猜到对手可能相信谁先说谁就输了，而故意那样做。

两个谈判的人可能交叉对坐，彼此一言不发。这种状况持续了几个小时后，其中一个在纸上写了几笔，然后推给另外一个。只见上面写道“你可以先说话，我仍然会觉得你是赢家”。那人看了不由得大笑。你可以做点事打破沉寂。当别人试图隐藏他的身体语言，你也可以做点事改变现状，并且观察他随后的身体语言。

控制双手

想象你此刻坐在谈判桌旁，比尔垂下他的双手，以此避免任何手势。他的身体语言表明什么呢？他故意隐藏了双手，这样你就没法获取任何信息了。你可以这样说：“我刚才看见你的手表了，非常棒！我能看看吗？”此时，比尔会伸出手臂或手腕给你。现在你就可以观察他随后的动作了。

他是把双手放在桌上，还是又重新藏了起来？

比尔之所以藏起双手是有原因的。你可以直接问："我发现你没有任何身体语言。好奇心使然，我很想知道你是怎么想的。我一直在学习。"

暂时放低身段，你便能根据人们隐藏身体语言时的表现而有所判断。他有什么动机？譬如，当医生不得不通知坏消息时，你会注意到他说话时拍了拍对方的肩膀，然后说"不用担心，我们会照顾好令尊的"。此时身体语言又出现了，这可能表示"他的状态不稳，有什么情况我会直接跟你说。他的情况恐怕不会太好"等类似含义，如果他直接这样说，你会觉得他在说极其严肃的话题，也许他还不习惯和你如此贴近，或者习惯自己所传达的信息。

运用你的观察，通过隐藏的身体语言评估人们的行为。关注他们隐藏身体语言的行为持续了多久，是什么导致他们这么做的，他们又是在什么时候停止这么做的。经过各种尝试，你是否使比尔变得更坦率了？

夸张的身体语言

让我们谈谈另外一个极端，此时人们展示了高能量或压力。前文我举过例子，某人晃着膝盖或腿，可能代表内心承受很大的压力，并试图通过这种举动安慰自己。同时还有其他的信号都可以表示压力、高能量或者兴奋。

当比尔心里有压力时，你可以根据他讲话的模式看出他的焦虑。他紧张而语速加快，结结巴巴，句与句之间并无停顿。你还可以通过观察他的双手动作发现他的紧张，双手与他表现出来的能量是同步的。比尔的双手动作甚至比讲话更能产生大的能量。注意比尔的双手动作，关注与他讲话同步的双手运动。假使他的手垂向地面，每说一句都会举起手来然后再放下，“我告诉你他们不会接受这个报价的！”那身体语言则证实比尔的所说所感是同步的。

假使比尔说：“这是我有生以来见到的最低报价。我不懂你哪来的勇气提出这样的报价！”他的身体语言传达了怎样的含义？你可以观察他的话语、双手和双腿的动作是否同步。

比尔说：“我讨厌这个报价！”当他说出“压低报价”时，你预想他可能会紧握拳头或是双手向下。他也可能手指摊开，向外甩着手，表示无法接受。这些姿势都是和他的感受同步的。他的手部动作距离身体越远，证明他对报价的不可接受程度越高。

当比尔说：“我讨厌这个报价！”但若他说到“报价”时双手并没有向下，你就要质疑他说的话了。他可能只不过是运用策略，夸大自己的反应罢了。

比尔也可能真的是被报价惊到了，或者是作为谈判策略故意展示出高能量，谋求对方调整报价条件。

对于一些谈判者而言，展示压力符合他们的需求。所以谨记无论人们怎么做，动机就是运用技能实现自我利益。如果你和展示了这种动机的人谈判，那么展示压力或许就可以提高你在谈判中的地位。但是需要注意的是，一旦你展示出压力，可能会招致谈判对手咄咄逼人的攻击。另外还需警惕对手也可能会使用这种策略。

正如展示压力可用以表示支持或反对一样，展示高能量也是同样的道理。何时展示压力，何时展示高能量，各种考虑需基于你遇到了怎样的谈判对手。

综述

让我们回到本章最初的场景，比尔劝说沙玛购买他的产品。这就是沙玛观察到的比尔的身体语言：

- 坐在座位上每隔几分钟就晃动身体
- 手在颤抖
- 脸上淌着汗迹

沙玛说：“比尔，我感觉这桩生意对你很重要啊。”尽管比尔拒绝承认，但显然还是迫切想要促成交易的。最后沙玛大获全胜，因为他关注到了比尔的压力，并将这些信息用到了谈判当中。

在座位上扭动意味着比尔实际上感到很不舒服。我们的身体总是很诚实并且释放出信号。在这种情况下，再加上额头的汗迹，他的身体实际上在说“我好热”，这是身体基于撒谎而做出的反应。比尔颤抖的双手证明他的紧张不安——虽然他意图蒙蔽沙玛，但身体却做出了相反的反应。

某人到底是诚实还是撒谎，一定程度上你都可以感觉得到。懂得如何利用身体语言的优秀谈判者可以尝试控制自己的某些动作，但是身体有时会泄露内心的真实感受。心里特别想让自己的手不抖，反倒可能会令双手不可遏制地抖动。

比尔的身体语言泄露了他的态度，颤抖的双手、前额的汗迹、座位上的挪动，无不暗示出他的不适。沙玛精于身体语言，所以自然抛出了一个极低的报价。他本打算报更高的价，但他察觉出比尔远比自己所说的更渴望这桩生意，于是沙玛获得了更多的利益。其中原因就在于他能够游刃有余地破解和运用身体语言，从而改善了在谈判中的地位。

第二章

微表情：捕捉刹那间情绪的爆发

卡拉坐在凯尔对面，感觉面试进展顺利。“我真希望在这家公司工作，”她想，“这份工作简直太适合我了！我可以在家工作，能运用我的技能，还能发挥创造力。我知道凯尔一直都没找到适合这个职位的人选。我很想知道他能给我多少工资。”

结束面试时，凯尔说：“卡拉，我觉得你能干好这个工作。所以不妨让我们开门见山。如果我给你这个职位，你想要多少工资？”卡拉说：“哦，我觉得年薪得6万美元吧。”凯尔不由惊讶地睁大了眼睛。卡拉注意到了他的表情，然后说：“当然，这个还可以再谈。”凯尔心想：“真没想到这么低的报酬她也同意！我本来还想说10万美元呢。”他假装考虑了一会儿，然后答复说：“我们最多能给到五万五千美元。”卡拉说：“好吧，那也行。”

何谓微表情

卡拉错误地解读了凯尔的非语言性身体语言，这个错误导致她每年损失了四万五千美元。作为一种身体语言，微表情是一种持续时间少于1秒的未经过滤的情绪表现。它展示了谈判对手的心态，如加以正确解读，可用以提升自己的谈判地位。微表情可令你瞬时瞥见对方的内心。由于对手的大脑并没有机会打断这种展示，所以微表情会透露人们真实的想法、情绪和感受。基于我们以微表情的形式发出的非语言信号，身体语言展示了我们的想法。就因为这个原因微表情显得举足轻重。你根本没有时间考虑该如何反应。微表情持续的时间不超过一秒，有人甚至说不过 3/4 秒，也就一眨眼的时间。

在上文的故事中，卡拉捕捉到了凯尔的身体语言，却解读错了。她本应该注意到这个身体语言的确切含义，可她却自信地解读到那代表着惊讶。他对于她的报价远低于自己的预期而感到惊喜，因此他毫不提防地表现出惊讶。这是惊讶的通常用处。无须考虑，这样你就传达出了一个真实的微表情。

如果卡拉善于谈判，她本该多花些时间，询问一些问题，求证自己的感知，这样她或许能更好地了解这个表情背后的确切含义，然后就可以基于前面的报价重新调整自己的观点。本章将带你了解微表情是如何产生的，世界上通用的七种微表情，以及解读这些微表情的重要性。

七种通用的微表情

世界上有七种通用的微表情，那就是恐惧、愤怒、厌恶、惊讶、轻视、悲伤和欢乐。这七种微表情之所以通用于世，就在于人人都在使用它们。

恐惧

我曾经展示过惊恐或是恐惧反应是如何引起的。在演示过程中，我邀请人们上台。我会询问他是否确认自己处在安全的环境中。若他说："确定。"那我会继续说："好，这么说你确信没有人会出来伤害你。"这其实只是对前一句话的确认。他会表示同意，而我会反复强调："你确认自己处在安全的环境中，你确信没有人会出来伤害你。"然后我便开始惊声尖叫。那人必然会随之跳起来，躲避或是显出恐惧的表情。尽管他知道自己处境安全，并且没有人会出来伤害他，只是我的尖叫令他感受到了恐惧。

经过实验证实，人们表现的不只是与恐惧相关的微表情，而是一种天生的基本反应。恐惧是一种保护性机制。

我认识某人，他一直认为自己是个勇士。他热爱远足，敢于贴近悬崖边，他渴望刺激和震颤。"我的身体永远不会令我太靠近悬崖的。"他告诉我。那是身体的自我保护机制。微表情也是如此，它是自我保护时一种内心情绪的表现。

当你恐惧时，通常会抬起眉毛，睁大眼睛，双唇微张，下唇微微向下突出。

我们感到恐惧时，眼睛会睁大，是因为我们想要更多地掌握眼前的状况。

这样做，我们就能根据收集到的信息，做出决策，确定下一步该怎么做。

愤怒

愤怒时，人们的眉毛会拉下来或是缩作一团，他会双眼圆瞪，双唇紧闭，鼻孔外扩。你知道他正瞪着你，不知道是你刚做的事、说的话还是其他原因惹他生气。切记：如果感到恐惧，他的眉毛会抬起来；如果感到生气，他的眉毛会拉下来。这些细微区别有助于区分两种微表情。

厌恶

厌恶时，人们通常会耸起上唇，就好像对手身上散发着异味一样，不由得皱起鼻子。现在让我教你如何鉴别厌恶，皮特医生的微表情显示出他对听到和感知到的东西不满意。

朱莉·罗宾斯坐在医生皮特·奥克兰身旁。皮特医生为人和善，当朱莉介绍说自己是护士时，皮特脸上毫不掩饰地显露出疑问和赞赏之情。朱莉解释说，她之前开过公司，和医疗事故律师打过交道。朱莉边说边看着皮特，发现他皱起了鼻子，眼中友好的神情也消失了，笑容也不见了，表情看起来极其严厉。朱莉接着说自己已经卖掉了那家公司，也不再和医疗事故律师合作了。然后皮特的笑容又回来了，鼻翼也舒展开来，两眼又有了光彩。

对于自己观察到的一系列神情，朱莉先是感到疑惑，而后意识到皮特的微表情显示出他对帮助那些律师的人持否定态度。

惊讶

惊讶时，人们会抬起眉毛，瞪大眼睛，并且张开嘴巴。你一定记得上文我说到恐惧时，人们也会抬起眉毛和睁大眼睛。恐惧和惊讶在这两方面是共通的。张开嘴巴也不一定代表惊讶，你时常会看到人们抬起眉毛和睁大眼睛。

如何区分微表情到底是恐惧还是惊讶呢？当你拿不准对手是何种表示时，不妨多观察会儿，会获得更多信号。一系列的表情终会确证你的所见。

轻视

轻视时，微表情通常表现为冷笑，你的对手可能一侧嘴角上扬。谨记这个表情持续的时间可能不会超过一秒，所以务必十分机警，在它出现时及时捕捉。然后通过询问加以确证。

悲伤

悲伤时，人们会眼帘低垂，双目空洞，双唇微闭，声调也会发生变化。非语言的微表情和声调结合起来就会营造出悲伤的感觉。

还有一个窍门，可帮助你提高识别微表情的能力。愤怒时，不要遏制自己；厌恶时，不要遏制自己；悲伤时，更需如此。当你感到悲伤时，不妨多关注镜中自己的面部表情，这样你就可以更熟练地感知微表情。

快乐

最后，让我们说说快乐吧。快乐时，人们通常会睁大眼睛——面带微笑，双颊提高，双眼睁大。也许在谈判成功后，你也会表现出同样的快乐。

解读谈判过程中的微表情

想要探测七种通用的微表情，需要留意到一些特质。还有其他姿势，基于表现时间的长度，也可称为微表情。

譬如，我对你说：“这个报价你一定同意。”此时，你也许会以手抚小腹。你的手停留的时间可能不超过一秒。这也就构成了一个微表情，意思是“听到这个消息我很高兴。这种感觉真不赖”！你的动作表现了你的情感，也会为谈判对手提供信息，进而分辨出外物是如何影响你的情绪的。

掌握了微表情，有助于你在谈判中心明眼亮。你的策略就在于精确地解读微表情，这样就不至于犯卡拉犯过的低级错误，在谈判桌上错失了自己应得的利益。接下来我们一起看看微表情是如何影响买卖的。

大卫·考恩看着南希·温特斯，然后说了一个买汽车的报价。南希双眼圆睁，双颊提起，同时微笑着。大卫心想："我感觉她对我的报价是惊喜的。我推测是不是我的报价比她预想的高了。"大卫说："你知道吗，我察觉好像哪里有点不对。你能告诉我刚才我看到了什么吗？"

南希答道："我不知道。你看到了什么？"

大卫回应："我看出了你的惊喜，你脸上洋溢着笑容。我很好奇，你刚才是怎么想的？"

"哦，我什么也没想，只是觉得谈判还挺顺利的。"南希说。

"好吧，你为什么会那样想呢？"大卫继续问。

大卫想要探究的，不只是解读感知到的微表情，还包括为何会感知到这些微表情，以及这些微表情的重要性。这种探询有助于确证观察到的微表情。

作为身体语言的微表情

人与人的交流包括语言和非语言的交流。同样一句“我爱你”，会有多种表达方式。同样的话，换个腔调，会表达出完全不同的含义。这就构成了语言形式的交流。和语言相关的身体语言能改变人类的沟通，微表情也为对手的思维过程增加了额外的含义。

身体总是诚实的。当它释放出微表情，真实意图是让你感知到发生的事情。对于刚才发生的事情，你是恐惧、愤怒、厌恶、惊讶，抑或是鄙视，是感到悲伤还是心生欢喜。从微表情的视角看，在人们释放出信号的那一刻，它们反映了人们的真实状况。

谈判高手可以伪造微表情。这显然和我刚才讲到微表情如实反映人们情绪的说法背道而驰。是的，在 99.9% 的情况下它们是一种如实反映，但是如果我可以控制自己的微表情，我完全可以在听到你的报价后故作惊讶状。很多人想假装发怒，但是却未能成功做出与愤怒相关的一连串表情，诸如眉毛下拉，缩作一团，双眼圆瞪，双唇紧锁，鼻孔外扩等等。

是什么导致微表情产生的?

人们之所以做出微表情是人类基因使然。数世纪前，当人类以狩猎为生时，如果看到某种令人恐惧的画面，也会不由得抬起眉毛，睁大眼睛，试图掌握更多不利的状况。人类的反应不断演化，变得日益有助于适应这个世界。

对于恐惧，我们的神经系统会做出搏斗或是逃避反应，一系列名为化学神经传导物质的复杂化学物质帮助我们做出反应。

微表情有助于自我保护。很多时候我们想要吃东西，却发现它已经坏了。这时会鼻头紧缩，唇角上扬，露出一副厌恶的微表情。表情显示某些事情超出了预期，这是一种自我保护机制。我们自然而然地做出了这种微表情，因为食物的味道闻起来不太对。

丽贝卡·马尔吉内利正在与罗伯特·华纳和戴尔·阿库夫谈判。他们坐在一个人声嘈杂的餐馆。丽贝卡坐在罗伯特旁边，戴尔坐在丽贝卡对面。罗伯特块头很大，且声如洪钟。他热情洋溢地介绍自己公司提供的各项服务，试图劝说丽贝卡购买这些产品。罗伯特晃动着手臂，大声地说着。

丽贝卡的身体远离罗伯特，她身体后倾，似乎再挪一点，就要从椅子上掉下去了。在身体后倾的同时，她还举起了手，遮住了靠近罗伯特那边的耳朵。看到丽贝卡的身体语言，戴尔不由得露出愉悦的微表情。随着谈话的进行，他显而易见地对丽贝卡热情起来。

从谈判者的角度，丽贝卡意识到戴尔对罗伯特的忠诚已发生了微妙的变化，他和罗伯特并不同心，这意味着他们想得不一样。当戴尔看到丽贝卡排斥状的身体语言，甚至还抬手遮住了耳朵，他意识到丽贝卡和他一样反感罗伯特的吵闹。尽管戴尔和丽贝卡彼此一言未发，沟通却已完成。一个微表情便足以表达一切。

罗伯特本应意识到戴尔和丽贝卡所表现出的身体语言。如果他意识到了这些身体语言和微表情，他可能早就告诉自己必须小点声了。

块头大的人更需关注谈判过程中由于身材而对环境产生额外的影响。

很多时候，人们仅仅因为块头，便会认定他们咄咄逼人。基于过去的经历人们会做出这样的推测，尽管罗伯特可能从未那么强势过。在这种情况下，罗伯特高声说话可能恰好印证了这种观点。

戴尔可能暗想："哇，至少不是我一个人觉得这家伙是个怪胎。他说话的声音实在是太吵了。"丽贝卡想和戴尔结盟。她确定戴尔也不认同罗伯特的所作所为。在谈判过程中，她不时地以眼角余光瞟向戴尔先生，然后微微点头，传达出这样的意思：“瞧，这家伙说个不停，不过你和我都懂得。”这显示了通过微表情，人们可以与成员进行内部沟通，以保持谈判进程中的同步。

微表情对谈判的影响

谈判过程中你给出一个报价，注意到对手抬起了眉毛，身体后倾，下唇突出。你会想“他不接受我的报价”。你决定并不去质疑对手，而是继续按部就班地进行。当你说话时，观察他的面部表情。只见他一侧唇角上扬，你意识到他对你说的话不认可，并有些恐惧。此时，你会想：“我该如何调整策略呢？是否该做出让步？是否要放弃某个咬定不放的谈判点？”

精通微表情能对谈判过程产生深远影响。你越精通微表情，你在报价和还价中就越占优势。

卡拉因何损失了四万五千美元？

本章开始，我描述了卡拉和凯尔的谈判。当凯尔因震惊而瞪大双眼时，卡拉误解了这个信号，于是在薪酬要求上立即做出了让步，说她的报价仍是可谈的。如果理解了凯尔微表情的真实含义，卡拉可能会得出大相径庭的结论。对谈判中的某种感觉不太确信时，你要积极询问，否则可能会满盘皆输。

卡拉本可以求证自己感知到的内容。尽管她无法判定那就是惊讶，但是她还足以发现点什么。如果她这样想：“对感知到的东西不太确信时，我需要先求证，然后再抛出报价。”这样结局就会大有好转。然而她在未能解读凯尔的微表情准确含义的情况下，贸然报价，此举令她每年损失掉四万五千美元。如果她提前花点时间学点微表情知识，她就会在与凯尔的谈判中占据更有利的地位。即使卡拉对微表情一无所知，她也可以出于不安和焦虑，自问一下：“我刚刚看到了什么？”记住，对于优秀的谈判者而言，凡事预则立，不预则废。当你身处谈判桌上，对手使出了意料之外的战略时，不妨避而远之。而卡拉却违反了这一基本规律。

现在不妨抛开来看。我不甚介意你是不是优秀的谈判专家，很多时候谈判起来需要明知其不可而为之。我有个朋友，曾因两次不愉快经历而影响了谈判实力的发挥。他没顾上考虑自己的精神状态，就投入了第三轮谈判，最终以失利告终。心态决定胜败，卡拉应该很清楚她对这份工作的渴望会令自己吃亏，她的心态使她更易受到伤害。所以当你拿不准谈判走向时，不妨要求暂停，这很重要。然而对于大多数人而言，我们没有要求暂停不是没有这种需要，而是因为缺乏应有的意识。

还有另外一种局面更为棘手。凯尔问卡拉："你对工资有什么要求？"卡拉提出一年 6 万美元。凯尔本来做好了年薪 10 万美元聘请她的打算。很显然，在错误解读微表情之前，卡拉早已置自己于不利境地。那么你也许会问了，如果被问及期望薪资这样的问题时，卡拉该怎么办呢？其实她早该掌握如下背景信息：业内普遍的薪酬范围，以及凯尔对她的青睐度。何况凯尔早先也已言语表明她十分适合这个职位。按照销售条款，这已属决定性的信号，卡拉早该确定的是凯尔到底有多青睐她，以及她的技能对于公司有多重要。

假使卡拉调查了面试岗位的薪酬状况，通过搜集岗位相关的各类数据，她发现薪酬范围大致在 7.5 万到 12.5 万美元之间。这样在谈判前，她就可以划定自己的薪酬范围。其次，了解到薪酬范围在 7.5 万到 12.5 万千之间，她意识到这个职位的工资上限为 12.5 万美元，下限为 7.5 万美元，于是她算出中间值为 10 万美元。掌握了这些信息后，卡拉便开始与凯尔谈判。当被问及"你对薪酬有何要求"时，她说："我做了调查，业内这一职位的薪酬范围在 10 万到 12.5 万美元之间。"

卡拉是否扭曲了事实呢？这取决于你看问题的角度。意识到自己不必循规蹈矩，她可以运用谈判策略，截取了薪酬范围中对自己有利的那一段。

问题是很多时候人们并不愿意第一个抛出报价。大家总是说"谁第一个报价，谁就是谈判中的输家”。我认为并不一定如此，毕竟还有可能出现缓和条件。两位谈判者中占优势者或许有能力克服谈判过程中的种种障碍。如果谈判准备充足，无论何时出现何种缓和条件，谈判者均有对应的方案。

如果卡拉收集了各种数据，她准备会更充分，必然能够以更平等的视角与凯尔谈判。

运用微表情改善你的地位

想要有效解读微表情，你需要抓住时机，对观察到的对手的微表情进行思考，并验证其准确性。这种思考出现于热烈的探讨过程中，仅需数秒就能完成，并且要求你从自身出发重新调整谈判报价。

假使凯尔并没有想给卡拉 10 万美元，相反打算给她 12.5 万美元，而卡拉知道这已经达到了该职位的薪酬上限了，她会很高兴地接受 12.5 万美元的年薪。现在让我们换个场景，当凯尔说：“我同意给你 12.5 万美元年薪。”卡拉却故意低垂眼帘，看上去不太满意。

卡拉提前做的准备，使她意识到无论第一个报价如何优厚，她都要装装样子，并且她这个表情持续了一分多钟。如果不巧凯尔没有察觉她的表情，她可能随后还会因为内心恐惧而做出让步。她抬起眉毛，绷起下唇，双唇微张。卡拉伪装出这种表情，意图向凯尔传达这种想法：“你的报价也没有那么优厚。”

另一个策略就是不要和凯尔谈及任何有关薪酬的事。有时沉默自有一种巨大力量，运用微表情通常有很多方法，包括沉默。更有甚者当你伪装微表情时，你必须意识到你的对手可能会询问你许多问题，以确定这些微表情的含义。做好准备回答这些问题吧。

前文已经讲过卡拉该怎么做来收集信息和规划谈判。她还需要考虑凯尔可能会做出的微表情，他在什么时候以及为什么会做出这样的微表情。当卡拉看到预期的微表情后，她就可以运用这些知识确定下一步谈判该如何推进。成功做到这一点，她便可以获得有价值的反馈，明确自己当前的定位。

微表情的缺席

伪装微表情意味着故意表现出与真实感受相反的情绪。人们真的有可能做到完全置身事外、毫无表情、没有任何反应吗？我们通常称这些人为“扑克脸”。

通常情况下，我们并没有做出扑克脸。假使有人从背后走近，你没法看到他，然后他大声说话或是碰了一下你，你势必会做出反应。这是人类自婴儿时期便具有的自然反应，人生来就会对噪音和坠落产生恐惧。新生儿学专家抱着才出生几分钟的新生儿，当专家迅速地向下移动手臂，婴儿会出于天生的对坠落的恐惧而做出反应。专家在婴儿耳旁拍拍手，也会看到他受惊得似乎吓一大跳。

我们的反射和反应都是与生俱来的，所以当你试图隐藏自己的真实感受时，必然会引起人们的关注。你的对手也会怀疑，你怎么可以坐着谈了那么长的时间，却没有表现出任何情绪？高超的谈判对手可能会观察你，并且想：“他到底隐藏了什么？他真实的感受是怎样的？他为什么总是一副扑克脸？”

我记得，有次和某人谈判时，他总是弓着手，手掌并拢，手指上指。这种身体语言代表着权威，意在展示他的自信从容。我们就那样坐了 45 分钟。在谈判的全过程中，他一直保持着弓手的状态。在此过程中，我实际上也效仿他弓起了手。我随后改换姿势，想看看他是否会效仿，然而并没有。

谈判过后，我们成了好朋友。于是我问起：“你为什么全程都保持那样的身体语言啊？”他窃笑道：“我就是想看看你会怎么做，因为我看得出你懂得我在做什么。”

我们不由得相视而笑，因为我们都懂得彼此动作的意味。我也看得出他是故意为之。当你运用微表情或身体语言来表达情绪时也是一样。如果某种身体语言持续的时间过长，也会显得不够真实。你的对手可能会意识到你在试图传达一种与事实相悖的信号。

卡拉的策略选择

卡拉犯了几处明显的错误。她不仅没有提前考察薪资范围做足功课，还错误解读了凯尔的微表情，而且一旦提出期待薪酬，她本应坚定立场不放松的。在卡拉报了预期薪酬后，她本应和凯尔谈判，以了解凯尔的真实意图。下面才是理想的场景：

凯尔："您的期待薪酬是多少？"

卡拉："6 万美元吧。我想知道你是怎么想的？"

凯尔："我不太确定，还没有具体的数目。"凯尔耸耸肩，说话时看向别处。这些姿势也许并无言外之意，但是他不敢直视卡拉，证明他并没有说实话。

注意到他的身体语言，卡拉追问："你怎么会没有数目呢？"

注意一下卡拉是如何提问的。她在句末特意提高了嗓音。这是需要关注的，因为提高声音可以使得陈述句变为疑问句。

卡拉："那30万美元，你同意吗"

尽管凯尔说他没有具体盘算过，但是卡拉可以将薪酬提高到20万美元。这样就超过了的薪酬范围，迫使凯尔做出反应。

凯尔："最高不可能超过11万美元的。"

卡拉："那你最多能给多少？是10万美元吗？"

凯尔："不能，我不确定能不能给10万美元。"

卡拉："为什么？ 10万美元可没超过11万美元啊。"

卡拉观察着凯尔的身体语言，只见他唇角微微上扬了片刻。他的动作表现出对卡拉质疑的轻视，同时也略感不安。

还有一种危险，就是当已经和某人就某个数目达成一致后，你又反悔了，试图二次协商。

卡拉："我知道我报了6万美元，但是你也懂得，我认为10万美元或者10万美元多才算合适。"

凯尔："好吧，就10万美元吧。这个工作你最适合了，我们可以给到这个数。"但是凯尔在心里可能会暗自琢磨，"先报6万美元，又提到10

万美元。下回我得注意，找补回来。”

这么做，卡拉面临的风险是不仅损害了和凯尔的关系，同时还会让人觉得她善于利用时机。凯尔可能会在心中暗想下次再和卡拉共事时要强硬些。在谈判中，你不仅要学会如何自我定位，还要懂得如何规避“过快地同意”或“匆忙报价”这些陷阱，否则就会产生诸多不良后果。

假使卡拉更聪明些，她本可以提前花点时间调查一下薪酬范围，这样就不至于在得到工作邀约时表现得过于兴奋。相反，她应该这样说：“我获得了一个工作。现在我需要确认自己是否因此而获得了合理的报酬。”

为利益而谈判

谈判的准则之一是你可以在接受较低的工资前提下，尝试从其他方面获得补偿。卡拉其实可以说，我同意五万五千美元，但是我要求四周的带薪假期、分红、全额支付医疗保险、公司配车等。换句话说，卡拉完全可以要求额外形式的补偿，尽管这些补偿也无法弥补她无意中的损失。

为了争取利益，卡拉需要明白，再多的要求都是可以谈的，有待于自己去争取。卡拉甚至都没有努力求证一下自己能否得到更多就同意了。她唯一感知到的就是对方的惊讶，于是她降低了自己的要求。凯尔察觉到她对自己给出的报价不太坚持，于是他顺势把价格拉低到了五万五千美元。与她本应得到的年薪相比，他又拿走了一部分。而她接受五万五千美元这个报价，也显得太过急迫了。

其实，卡拉还可以采取另外一个策略。她表明自己的薪资要求是 6 万美元，然后看到了凯尔脸上似乎显出惊讶的微表情。假使卡拉看到了凯尔脸上的惊讶，她询问：“我刚才看到什么了？”凯尔回答说：“我不清楚。既然你感觉到了，不妨跟我说说。”关注凯尔是如何迫使卡拉去询问的。

卡拉回答说，“我感觉你有点吃惊。”他说：“是的。”作为一种谈判策略，卡拉想要凯尔说出他吃惊的原因。她必须使他实话实说，不能避而不答。她问道：“你为什么会惊讶呢？”凯尔陷入沉思，想着如何避免谈到报价太低。卡拉静坐着，等他答复，凯尔终于透露：“我觉得你的薪酬还可以报得再高点。”这种答复就有助于卡拉提高薪酬，或是寻求其他方式增加补偿。

还有需要考虑的事。如果薪酬范围只能固定在 7.5 万至 12.5 万美元之间，其他福利可能将提高约 25%。这样薪酬加上额外的福利也会比她的实际收入多 25%。假如卡拉通过提前研究发现薪酬范围为 7.5 万至 12.5 万美元，而她打定主意要 7.5 万美元，那她就没有可能拿到其他福利，使自己的收人永远无法接近凯尔预想的10万美元。

不同文化情境下解读微表情

谈判专家懂得如何确认微表情，并且准确解读微表情所传达的情绪。本章开始，我便强调你需要考虑不同的心境，是悲伤、恐惧还是愤怒。关注此时自己的真实感受，关注其他人也能有所获益，训练自己通过微表情捕捉他人的情绪。长此以往，你就可以掌握解读微表情的真谛。

你越擅长解读微表情，你的谈判水平就越高。因为根据对手的身体语言和微表情所展示的情绪，你会获得大量的信息。运用这些知识，有助于你调整自己的定位，或是改变策略。

敏锐的观察有助于你从微表情中收获更多信息。此外，阅读本书也将有助于解读微表情，理解微表情的含义以及对谈判过程的影响。

谈判专家会基于谈判对手的文化背景做足功课。在谈判时，你需要了解谈判对手的文化背景。譬如，你可能会遇见特别有礼貌的日本人，他不停地鞠躬，显得特别顺从。因为日本文化恪守礼仪，不喜忤逆。因此日本人极有可能给人留下易赞同的印象，但实际上他们并没有那样想。

有人曾对我说，日本人的字典里根本就没有“不”字。我不清楚这种说法在多大程度上是真实的。但在日本社会现实的确是这样的，你会时常听到人们不停地说“是的”。所以尽管你总觉得谈判已经基本成功，但实际上他们嘴里说的“是”，也只不过代表“是的，我们自己不同意”或是“是的，我们下一阶段再讨论这个吧”。甚至有时候，你觉得这桩买卖已经拿下了，但在日本人看来，也只不过是刚结束第一阶段的谈判而已，现在可以进入第二阶段了。

你必须了解对手的文化背景，才能解读他们表现或隐藏的微表情，譬如，他们有时会隐藏愤怒的表情，只是因为所在的社会文化不教导人们表现愤怒。

现在，你有办法验证这些了，不过如何验证还需慎重。如果你了解到对手的文化背景不允许人们当众发怒，你可以故意做些事来激怒他们。然后看看他们表现出多大程度的鄙视、厌恶、恐惧或是愤怒。这样你就可以知道，如果后续有需要，你已掌握了一个可以随时按动的“按钮”。这是谈判中惯用的技巧。

了解了文化，微表情会发挥出很大作用。记住微表情只是时长不超过一秒钟的情绪表现。尽管日本文化教导人们不要当众发怒，但是如果你有意激怒他们，并且又擅长捕捉微表情，你仍然会看到人们脸上一闪而过的表情。

我的同事只因与朋友走散，返回旅游巴士的时间比预定的晚了五分钟，这个无意之举激怒了日籍女导游。她义正词严地斥责我的同事说：“你本应10：00返回大巴，现在你10:05才到，这是不可接受的。如果再不遵守，就要请你和你的朋友下车了。”守时是日本文化中被高度重视的观念。于是我的同事和她的朋友专门为此制定了计划，避免再次迟到。

一个月后，这位同事又参加了一趟加勒比海之旅，这个旅行团计划9点出发。于是我的同事按照“岛上时间”，在烈日下足足等了一个小时，才有一位客人来到。要注意不同的文化秉承不同的时间观念。

多年前，因项目之故我去了南美洲的委内瑞拉。去之前就有人提醒我要了解文化之间的差异。如果人们对你说“本周二之前，我能完成”，言下之意也许是“在本周四、周五，或者下周一、周二之前，我能完成”。因此，某天当你走进某家餐馆，点了菜，却并没有享受到在美国所惯有的快速服务时，你也无须恼怒。这里的人们习惯慢节奏的生活，毕竟环境完全不同了。因此你必须入乡随俗，了解不同的文化对微表情、身体语言和谈判策略产生的影响。

综述

如果你能熟谙并精确感知、侦测和解读微表情，你就可以大幅地提升自己的谈判能力。这有助于你在谈判桌上占领先机。多多练习如何观察微表情，然后解读其含义吧。

公共场所最适合人们锻炼观察能力了。譬如在机场里，你可以观察人们的面部表情。有很多次我在机场走近人群，做自我介绍，告诉他们我是身体语言专家。然后告诉他们我观察到的内容，以确认自己的结论。我发现人们纷纷给予回应，确认我的结论，并且给出解释。投身于这样的实践可以丰富你的知识。熟练掌握了微表情，你就有望成为谈判高手。

第三章

促发：情感游戏前的准备

杰西卡在布置谈判用的会议室。她预订了鲜花，屋里变得生机勃勃。她收起了塑料杯，在餐柜上摆上了水晶玻璃杯。杰西卡还关掉了灯光，以增加私密的感觉。她还要求助手代为接听开会期间的所有电话。谈判对手到来前，杰西卡又演练了一遍，譬如谈判如何开场，需要关注哪些要点等。在电梯“叮咚”一声送客人来之前，她又扫视了一番会议室，心想“万事俱备，让游戏开始吧”。

促发的目的

本章主题为促发：情感游戏前的准备。这些准备包括规划谈判中如何反应，以及如何预测对手的感受和行为等。你不仅要规划自己的身体语言，还要想清楚怎样促发对手的身体语言，以及你打算怎样做使谈判朝着既定目标推进。在谈判的帷幕拉开之前，促发并非单一动作，这点你会明白。在谈判过程中，你可以酌情运用各种促发手段。促发包括对物理环境、对手、谈判之外的人，以及你自己的掌控。

环境促发

本章伊始，我讲到杰西卡通过灯光和物品精心布置环境，营造出特别的氛围，促发谈判人员的反应。谈判者也可以运用一系列潜意识战术来影响环境。譬如，你也可以将房间温度设置得低于或高于舒适度，令人感到不适。

邦妮·马利克走进董事会会议室时，史蒂芬·伍德拉夫仔细地观察着她的反应。由于谈判在自己地盘上进行，所以史蒂芬可以控制室温。自动调温器就在室外。会议开始前，他就调低了室温，这么做可以增加邦妮的谈判难度。“这里有点冷啊。”她边说边扣上了西装外套的扣子。邦妮没有注意到是史蒂芬故意调低了温度。史蒂芬答道：“我争取让您感到舒服点。”注意在谈判过程中这些潜意识信息是如何重复的。当史蒂芬向邦妮抛出一个报价，她认为不可接受时，回应道：“你这个报价一出来，屋子里似乎更冷了！”此时，她只是在下意识地重复自己刚才感到的不适。

史蒂芬听出她的不适，询问：“为什么那么说呢？”邦妮恼怒地瞪了史蒂芬一眼，反驳说：“你不如提个让人舒服点的报价。”史蒂芬忍着笑，因为他意识到自己的促发生效了。他将谈判氛围设定为不适，而她说出的话都与此相关。

随着谈判的进展，史蒂芬要求邦妮做出巨大让步。他发了条短信给助手让他“调低温度”。只要邦妮拒绝史蒂芬提的条件，他就发短信给助手让他调低温度。邦妮最终不得不让步，说：“好吧，我同意你的提议。我现在只想离开这里，好让自己舒服一点。”

于是，史蒂芬发出了最后一条短信：“一切都已谈妥，温度可以提高了。”通过提高温度，史蒂芬也补偿了邦妮做出的让步。

对手促发

你对谈判对手了解越多，就越容易根据自己对他的了解做出准备。

· 谈判时，他是否咄咄逼人？

· 谈判时，他是否胆怯？

· 在多大程度上，你可以令他更为胆怯，就因为他需要这桩生意？

· 在多大程度上，他的畏缩可能是在运用身体语言，表达着非语言的信号，表明你已逼得他走投无路，都要放弃谈判报价了？

越了解对手的动机、策略和身体语言，你就越懂得如何利用自己的身体语言改变对手的观点。你要不要逼近他，表现出咄咄逼人的气势，使他服软或接受你的还价？他是不是那种人？只要你逼近他，他也会逼近你，绝不服软，只会更加针锋相对？你需要了解谈判对手的方方面面，这样才能提前布局谋划，从而明确谈判中可能会用到哪种促发技巧。

想清楚你对谈判对手有哪些了解，不妨问一下自己：

· 你可以使用什么样的促发条件去激怒或稳住对手？

· 你可以使用什么样的身体语言去加强或弱化自己说的话？

· 你可以使用什么样的压力拖垮或是鼓励对手？

· 你打算表现出怎样的人格？打算唱红脸还是白脸？

促发的重点是如何提高对手的接受能力。譬如，当你致电对手时，先问一句："现在您说话方便吗？"这个问题有什么作用呢？基于你对对手的了解，若你知道他为人强势，习惯被人众星拱月，那对于谈判时机的询问则证明你考虑周全，尊重他人。

当然，你也可以不问。不管对方是否准备好了，你直接就开始谈，那这样就营造出一种强势的形象。"我们需要尽快谈妥这桩生意，我可没有时间浪费，我们现在就开始吧。"而你就这样掌控了开始的局面。

考虑到你将面对的是什么样的人，你期待他做出怎样的反应？是用热情软化一个强势的人，还是想捡个软柿子捏？

整个谈判过程中，你打算使用什么样的刺激物使对手就范？然后想好你将怎样运用这些反应，达到有利于自己的目的。促发就是先看透谈判对手的思维，然后决定把他的思维朝着对你有利的方向扭转。

你的身体语言和有声语言可以促发你的谈判对手。想清楚什么样的身体语言最能表达出你想表达的意思。譬如，你面带微笑地说：“不必担心。我敢保证这桩生意你一定会百分百地满意。将来也没有什么好担心的。”你的声音饱含同理心，并且和身体语言一致。与此相反，假使你说着同样一句话，但摇着头，面露疑惧，那效果就会大打折扣。当你的身体语言和你说的话有冲突时，你的对手很可能会对你的身体语言做出反应，进而谨小慎微。提供食物和饮料不失为促发对手的一种常见做法。

罗伯特和萨蔓莎正打算购进他们的第一套共有房产。他们已准备好提出报价，正和房产经纪人坐在房东洛娜家的客厅里。她问：“你们想喝点什么吗？需要我做什么，能让你们感到更自在些？”洛娜试图让这对夫妻感到宾至如归的惬意。其中的促发信息就是，“这个环境很适合你。我正尝试让你感到更舒服一些”。这话下意识里有什么含义呢？是想让他们觉得来到这里就像回到家一样，他们真该买了这套房。

洛娜笑着，伸手碰了碰罗伯特的手背：“到了这里，就像回到自己家一样。”她一直笑着说，“让我带你们参观一下，看看这里多么舒适啊。”洛娜观察着罗伯特的反应。等她一缩回手，罗伯特就把自己的手拿开，塞进了口袋里。

那种身体语言代表“且慢，不要操之过急，洛娜。我们才刚开始谈，没必要这样心急”。这里隐含的信号告诉洛娜她还需要做点工作才能说服潜在的买家。用了这样一个小姿势，罗伯特传达出的意思是“不要这么快就离我这么近”。

洛娜摇摇头，意识到自己犯了错。“我应该计划得再周详点。”她想，“他看上去浑身不自在，萨蔓莎正盯着他，他似乎在等她发出指令。”洛娜问他们：“你们需要喝点什么吗？”萨蔓莎说不喝。罗伯特回答说：“来杯橙汁吧。”洛娜发现他刻意避免和自己眼光接触，眼睛总是看向别处。

洛娜想知道，他是否正在想住在这里会是什么样的体验？“太阳下山的时候，平台上的落日余晖很美，屋子里会笼罩着金色的光线。”她告诉他们。她观察到罗伯特和萨蔓莎咧嘴一笑，把身体埋进了沙发里。

促发队友

你需要了解谈判对手，这样才能恰如其分地组织促发活动，就像杰西卡摆上了花，用水晶玻璃杯替换了塑料杯那样，但是你还需要了解谁将缺席谈判。从促发的角度，要一直考虑谁会参加谈判，谁会缺席谈判。考虑清楚缺席的谈判者（沉默的利益相关者）带来的后果，以及如何使用促发策略去影响他们。譬如，你可以提出特别诱人的报价或是还价，再限定以具体的时间，而在那个时间段里在座的谈判者没有权力做出决定。这样她就不得不联系那位缺席的位高权重的人了。你不仅可以迫使那个真正说了算的人现身，你也摸清了在场的人有怎样的协商权力。那个在现场和你真实互动的人也许只不过是个替身。如果情况果真如此，他的出场只是为了探听你的立场。你的身体语言会传达出你的心声、重视度、真诚度和灵活性。

别忘了，在谈判过程中，你掌握的信息越多，你拥有的选择就越多。

海蒂·克劳福德瞥了一眼记事簿上写的“急切”二字。卡洛·安东尼奥坐在她的对面，因焦急而颤抖着。卡洛问：“我们今天准备好成交了吗？”意识到卡洛不过是在故作镇静，实际上十分需要这笔生意，海蒂说：“我得和老板打个电话。”她起身出去，走进大厅，向上司汇报：“萨拉，现在的状况是，卡洛说他的咨询服务年收费 1 万美元。我觉得我可以让他降到 7500 美元。现在该是你上场的时候了。”

注意海蒂本可以先要求卡洛做出让步，然后再致电萨拉。如果她那样做了，并且卡洛拒绝了海蒂的请求，海蒂和萨拉就可以演一出好警察/坏警察的游戏，这样就会对卡洛产生更大的压力。

促发自我

让我们继续深入。促发需要理解自己的动机、心情，还有弱点。

克丽丝特尔推开佩妮的办公室，对她说："卢克·福特正打来电话。他刚收到我们的发票，听起来很生气。"佩妮看着她，叹了口气。由于睡眠不足，佩妮浑身没劲儿，她不想现在就面对愤怒的客户，于是长叹了一口气，说："告诉他，我现在正忙，十分钟后给他回电。"佩妮穿上了外套，走到冬日寒冷的室外。在办公室前面踱步十分钟后，她感觉自己已准备好处理卢克的问题了。

尤为关键的是，在谈判开场前你需要意识到自己有多大能量。促发自我，你需要确认自己是否存在压力大或者疲劳等不利因素，是否能全神贯注，并采取措施关注重点。

检验促发是否生效

开始谈判前，你也许对谈判结果已经有所预判，但是在谈判过程中，后果也常会受到不可预见因素的影响。在谈判过程中你可以根据什么样的线索得到促发已生效的反馈？

巴德·洛伦佐很生气。坐在他旁边的布莱恩开会前信誓旦旦地对他说已经准备好成交了，剩下的就是签字的事了。但是谈判进行得并不顺利。巴德眼睁睁地看着生意要从手中滑走，所以决定表达一下自己的情绪。谈话时他靠近布莱恩的身体，表现了他的进攻性。巴德估计布莱恩会倚向相反的方向，远离自己。

相反，布莱恩并没有向后撤，而是更靠近巴德。“那没起作用，”巴德想，“我必须改变策略。”巴德加大嗓门喊道：“那不太合适吧。你提出的报价和前面讨论的不符啊。”巴德将斗争升级了。“根据我对这家伙的了解，我觉得他快让步了。”巴德心想。布莱恩扶着巴德的前臂，说：“好吧，容我再考虑考虑。”布莱恩的身体语言在说：“我需要安抚你。我刚才估计错了。”

考虑身处于情绪激动的环境中人会有怎样的感觉，预测一下到了哪种程度他会为了寻求安慰而离开。这些都可以从谈判过程中观察得到，因此你也需要知道如何应对，以促发下一阶段的谈判。

促发谈判困局

促发是处理投诉过程中最重要的阶段。假使你是小生意人，有天接到投诉电话，是一位叫杰克的律师客户，他为了发票而投诉。他义愤填膺，语速极快。

这时你有一种选择，那就是采取防守态度，不和他说太多话，直到他平静下来，或者只听不说。当你想要了解他的焦虑，协商处理方案时，促发意味着创造出沟通氛围。只倾听，别打断，直到他放松下来。下面这些安慰性的话语有助于为双方沟通做好铺垫：

· 告诉我什么事让您烦心了。

· 让我听听您有什么难题。

· 您想怎么解决呢？

· 我们怎么做，您才满意？

我们需要理解大脑中的边缘系统是如何运作的。边缘系统总在寻求安慰，杰克就在向你传达他的不适。如果你使用抚慰性的声调，再辅以真正站在对方立场考虑的询问，你就能传达出关切的含义，起到宽慰和调解的作用。当你说："咱们谈谈吧，让我来帮你分忧解难。"这就为随后的一切做好了铺垫。

你也可以做出截然不同的回应。当杰克投诉发票问题时，你也可以强势回应："你说什么呢？你想要我们 30 小时内开发票给你，可我们 25 个小时内就给你开了发票。我们还额外给了你 5 小时不收费的宽限期。你这不是无理取闹吗？像你这种顾客，我们根本无须搭理。我现在告诉你：你付了账单，咱们就两不相欠了。"

假使你采取了这种特殊的反应，完全出乎律师的预料。考虑下对方的性格类型和手段，律师可能会默许并且说："等一会儿，我很抱歉，我并不十分了解账单的所有细节。既然你说你给了我额外 5 个小时的免计费时间，我非常感激。明天我会将支票快递给你。"

你的促发决定了谈判流程中的下一步。你还设定了将来其他谈判者与你共事的基调。

我们所有人一生都离不开谈判。我希望人们理解这一点，原因就在于你今天的行为会影响到下一次你会参与的事件，而那些事件可能稍后就会出现，并且和你的谈判对手有关。它还会影响到你们双方在未来的互动。

注意这样的事实：你随时都在促发他人如何回应你，如何与你互动。所以更具战略意义的就是需要利用自己的有利条件表现得温柔点或是强硬点。记住，你是掌控者，今日的行动必将会影响到日后你与他们的谈判。

识别促发

你如何意识到人们正在对你使用促发策略呢？正如你在研究你的对手，你的对手也会研究你。所以切勿掉以轻心。要了解自己的声誉以及其他人对你的谈判风格是如何评价的。谈判对手也会对你在特定情形下的反应有所预判。你是因暴躁易怒而名声在外，还是以老成持重而知名？

汤姆在同事之间是出了名的暴脾气。因为太容易发火，连他的内科医生都警告他："汤姆，你血压太高了。你得学会制怒。我可不愿意看见哪天你中风了。"想到这些，汤姆下定决心，谈判时绝不再发火。

第二天，汤姆的同事维克多就跑进他的小隔间大发雷霆："你搞这么个记事簿是什么意思？你难道没有意识到它显得我们部门多差吗？"维克多觉得汤姆一定会大声还击，没想到他却靠向椅背，与他保持着一定的距离。等他说完这通激烈的话后，汤姆才探着头，面带笑容地问："你说完了吗？"

汤姆不动声色地摆脱他的纠缠，说，“等你什么时候不大呼小叫了，咱们再谈谈吧。”说完这些，汤姆看着维克多，只见他满脸狐疑。

维克多心里纳闷：“等等，我这么刺激他，能看出他身体后仰，所以我的策略应该是起效了啊！”

汤姆吸收了维克多自认为有效的促发，并且反作用于他，这使维克多困惑不已：我原来认识的那个汤姆去哪了？这家伙是不是知道点什么我不知道的内情啊？我是不是估错了自己的优势？汤姆不同寻常的反应令维克多陷入困惑。维克多甚至对自己的促发技巧是否有效产生了怀疑。

本章前面已经提及，在谈判过程中可以随机应变地促发对手。譬如，你正和艾米谈判，而她是个很强势的人。她扔给你一份文件，说：“看看吧，这就是你能得到的最好报价了。咱们要么签字，要么一拍两散！”此时你该如何应对呢？你坐在她旁边，双手颤抖着拿起文件看了看。为了获得对艾米的高度优势，你站起身来，止住颤抖后，满怀信心地说：“如果这是最好的，那我看咱们还是别谈了。”你顺手就把文件仍回办公桌，任它们落于桌上，然后缓步走出了房间。

此时，你就在以其人之道还治其人之身。对自身优势的把握让你确信自己不会丢了这桩生意。艾米和你都知道你还有其他选择，她意识到试图促发愤怒的策略适得其反，于是抚着你的肩膀，说：“别着急啊。坐下来，咱们慢慢谈。”

我就曾有过这样的经历。有一次，某客户雇了个律师。那律师打电话时态度恶劣，讨论的过程中，他就亮出“你要么认了，要么免谈！”的立场。我对他说：“你现在就可以告诉你的客户，是你自己毁了这桩谈判！”说完挂断了电话。又等了几天，他再次打来电话，说话的语气好多了。最终我们谈妥了，但更重要的是，我需要让他意识到他的策略在我这里毫无作用。他总觉得自己的促发是有用的，所以简单粗暴。但毕竟他是律师，而我只不过是一介生意人。最重要的是需要了解谈判对手的状况，确定你将要和谁展开谈判。

促发的时机

对于何时使用促发手段，你具有一定程度的控制权。譬如谈判中，你可以选择在不同的时段做出不同的反应。形势分析完毕，你可能期待谈判对手做出某种特殊的反应。当形势对你有利时，你可以利用某种刺激使谈判对手做出你所希望的反应。考虑自己的有利条件，还有谁没有出席谈判。问自己一句：“和我谈判的人受谁的指示？他在谈判过程中拥有多大程度的自主权，达到哪个上限时他会因为超出权限而叫停？”

如果情况果真如此，你就知道他还可以撑多久，你可以将他推向临界点，但是要清楚你无法使他越过那个临界点。现在，你可以使用其他刺激物使他展露他的计划。他说：“我们换个时间再开会吧！”对此，你可以问一句：“为什么？”

他：“我需要对目前为止讨论过的内容进行评估。”你：“你需要评估些什么呢？”

他：“我需要再考虑一小会儿。”你：“让我帮你再分析分析，这样咱们就能继续往前走了，怎么样？”

你这么做，就能知道他掌握多大的权限。你的目的就是找出在什么情况下他需要回去向上司汇报。你这么做，不仅可以提醒他改变谈判想法，还能从他那里获得更多的信息。这些就可以成为你后续谈判的杠杆。

谈判结束时的促发

谈判即将结束时，你可以准备采取促发手段，确认条款是否已锁死。与对方确认约定事项时，观察他的身体语言：

- 他是否微笑？

· 他是否接受?

通过检测某些合同条款是否锁死，你可以根据对手的身体语言判断他在多大程度上可以履约。譬如我会这样说：“到下周二工作日结束前，你需要向我的银行账户电汇 100 万美元，对吗？”你对他微笑着。实际上在用颔首微笑这样的身体语言引导他说“对”。他说：“是的，没问题。”他也会点点头。但相反的是，如果你点着头，他却没有笑容或者点头，而是开始结巴，你就知道他对能否履约有点犹豫。

你可以把你感觉到的犹豫直接说出来：“我相信你说的话。但如果届时没收到贵公司的支票，我们会和别的公司签约，希望你也能谅解。”

现在你已经促发他理解了这一点：如果周二没有电汇成功，意味着生意就终止了。你知道他迫切需要这桩生意，也已促发他确认如果钱未到账生意就会泡汤。这种运用促发手段的模式可以确保谈判结束时所有条款均已达成共识。

此外，还有一种策略，就是在谈判结束时不要主动和对手握手。记住你刚提醒过他如果不遵守协议约定，这桩买卖就会泡汤，且知道他非常渴望谈成这笔生意。通常人们的握手发生在生意完结之后。未能握手，可能意味着谈判者对于这桩生意并非过度看重，他还有其他备选方案。

假如谈判结束时，你并没有主动握他的手，而是说：“下周二你会将现金汇给我们，对吗？”他说：“是的，我们会的。”观察说这些话时他是怎样的状态：他的声音是否坚定而确信？他是否表现出某种诚恳？你回应：“好吧，我得走了。希望下周收到电汇后与你联系，那时候咱们再谈。”然后淡然出门去。他就会想，“这可是个较真的人”。通过促发，你强化了这种感觉，那就是即使这个生意谈不成，你也并非没有生意可做。所以这桩生意对你远不如像对他那么要紧。现在你已提醒他完成这份协议了。他将走上前去做出尽可能的努力。他极有可能会在周一就将钱汇过来，以证实他是如何认真地恪守约定，因为他迫切地需要这桩生意。

这样你就可以从他的行为中获得新的信号，前提仅仅是出于促发的需要，你采用了不与他主动握手的身体语言，进而强化了彼此的地位。

综述

理解促发的有效性。环境可以引发与快乐相关的美好回忆。谈判前你可以做好环境促发，以实现对即将开始的互动的预期。

想想大脑的边缘系统是如何帮助你体验快乐、避免悲伤的。当你感到不快，你会寻求慰藉。让另一个人感到慰藉的方式就是对他微笑。当婴儿的母亲微笑时，婴儿也会报之以微笑。婴儿借此感到安慰。婴儿饥饿时，就会开始哭泣，表达他的不满。这并不是后天习得，而是天生的，都是人类生来就有的本领。所有身处不适的人们都会寻求慰藉。

涉及促发，你就需要了解怎样可以使对手在舒适或不适的状态之间进行转换。使用恰如其分的刺激物，使谈判对手感到不适或舒适。通过在谈判过程中运用刺激物，你可以达到操控他人情绪的目的。

重要的是如何有效地规划谈判中的促发手段。在谈判中你需要随机应变，意识到自己何时感到满意，何时感到不满。如果你使用的策略无效，而你却误以为那可能具有一定的效果，你多半会自找没趣。我们需要理解促发对日常生活的影响，尤其对谈判的影响，因为在人生路上，谈判总是一场接着一场。

第四章

颜色：控制情绪的色板

亚当坐在我旁边，他在洛杉矶工作，现在和我同机飞往新泽西州的纽瓦克。一路上他的紧张之情溢于言表。他透露说："一下飞机，我就得去曼哈顿开个重要的会，这次会议将影响到我公司的前途，我要和某银行谈贷款。"只扫了他一眼，我就发现了一个问题。只见他的衬衫上印着大朵的浅粉色花，并且没穿西装外套。"亚当，我建议你开会前去趟男装店。"

颜色可以表现人们的身份。举个例子：我曾担任过某公司副总裁。有次和总裁去开会，我身着白衬衫、深蓝色西装，系红色领带，而总裁却穿得很随意，黄色衬衫搭配西裤。当我和总裁走进会议室，一位绅士错把我当成了总裁，他对我说："先生，我们想和您以及您的下属谈谈如何改善贵公司的运营状况。"这位先生之所以跟我套近乎，原因就在于我服装的颜色搭配得当，而总裁又穿得太休闲。事实证明，在谈判过程中，不同的颜色有助于提升或减弱你的能力。

权力套装的含义

我的权力套装配色有海军蓝、红色和白色。蓝色代表稳定、忠诚和才智，红色代表能量，白色代表纯洁。这身配色代表着我充满能量、真实并且纯洁。

单从配色来看，就能给人留下好印象。

通常人们会搭配三种或两种颜色。他们可能会穿海军蓝西装、白色衬衫，扎红色领带，也可能穿黑色外套、白色衬衫，扎黄色领带。这些颜色都表现出了他们的态度。深色西装显得庄重和优雅。看看人们穿衣的配色，例如大部分人穿深色西装，这时西装的颜色就是主色，再搭配上与主色协调的配饰。

读到本章，你会发现颜色和颜色搭配会影响别人对你的看法。

颜色与身体语言

衣服的颜色可以彰显个性。外向的人通常会穿浓烈的颜色。颜色投射了他们的态度：“我无所畏惧，我开放，我希望被关注。看看我吧！”如果人们不希望被太多关注，可能就会穿单调的颜色。

不妨这样想象一下：你开车上街，看见两个行人。一个穿深色，另外一个穿浅色。你更有可能注意到那个穿浅色衣服的人。我们的眼睛总是容易被浅色事物吸引，而不是深色。这就是为什么有些人会根据颜色对身体语言的影响而选择某种特定颜色。

换另外一种情形。女企业家谢莉将要完成公司业务销售谈判中的最后一轮。她穿剪裁精致的绿色西装、黑色西裤。她的衣服有何含义呢？绿色与美元的颜色相近，黑色西裤透露出优雅和庄重。关注一下她的穿衣配色，你会发现她表现出的是事业成功、雄辩和庄重之感。

看着伍德罗走进来，谢莉不由地瞪大了眼睛。超重 50 磅（约 23 公斤）的伍德罗先生竟然穿了一件浅黄色的西装。谢莉心想："好笨拙！"她略带挖苦地说："伍德罗，你的西装不错啊！"伍德罗没有领会弦外之音，还说："谢谢。是促销的时候买的。"谢莉心想："我敢打赌，这件外套绝对在货架上摆了好久才等到你。"

看着伍德罗先生的西装，谢莉做出了以下几点判断。首先，她确定伍德罗先生品味很糟。其次，他对谈判不够重视。黄色西装使他看起来更庞大，更加不可信。谢莉希望谈判尽快结束，她害怕再待下去自己就要忍不住笑场了。无论谢莉何时看着伍德罗，看得见的只有他的黄西装。

假使伍德罗先生穿的是黑色西装，谢莉会是什么反应呢？黑色西装会使他少几分臃肿，多几分优雅。再配以白衬衫，黑白配将会表达出纯净的感觉，也会使得他本人显得更加可信、更具魅力。

颜色反映心态。谢莉不会重视穿着黄色外套的伍德罗。假使她身体向后仰着，说："黄色！你要知道但凡把谈判当回事的人都不会穿黄色衣服的，尤其还是黄色西装。"注意这种直接的表态其实已经表明伍德罗与环境如何不协调。谢莉以指导的形式行使着她的职位权力。她也可以通过身体语言来提高自己的职位权力，对他的着装极度排斥，对他说："伍德罗，我通知你明天换件西装再来谈吧。现在我发现自己没办法专心讨论。你的西装简直要亮瞎我的双眼。"

职位权力是任何人在谈判过程中都会具有的权力。根据提出的报价、报价的额度、亮明立场的陈述，这种权力在不同的谈判者间流转。谢莉就利用她的职位权力控制了谈判，获得了对伍德罗的控制。

让我们换个角度分析一下。假使伍德罗只是一位暂时性穿衣失误的高管。他穿着黄色西装去了会场，而你却穿着定制的优雅海军蓝西装和白色衬衫，打着红色领带。你做好了谈判的一切准备，只等来人。若你和这个穿黄色西装的家伙走到了一起，他手中握有权力，且能满足你公司的需求。那你就不得不吞下到嘴边的话，屈从于他的职位权力，专注地注视他的脸，尽量避免看他的黄色西装。

颜色与文化

当今世界，你很有可能会与来自其他国家、文化背景迥然不同的人谈判。你需要考虑对方的文化背景并做出相应调整。

上初中的第一天，我穿了一件黄色丝绒衬衫。这真是很糟的选择，这件事多年后我依然记得。首先，那天很热，而丝绒是一种很厚重的面料。其次，黄色的确能令你“脱颖而出”。到现在我还记得大点的孩子嘲笑我，叫我“金丝雀”。他们那样做，是因为当时的文化并不欣赏与众不同，尤其是穿黄色的衣服。极少有男孩会穿黄色衣服。

出于得到别人接受的渴望，我使自己越过了边界。当人们考虑如何与来自特殊文化背景的人谈判时，也是同样的道理。你去世界上任何地方，都会发现人们常用的基本颜色不过黑白两种。如果你打算和某人谈判，就要考虑他的文化背景，了解黑色是否具有罪恶等特殊含义。了解了这些，你就会避免身着黑色。如果环境许可，你可以穿蓝色。

在我三十五六岁时，有一次过父亲节，孩子们送我一件衬衫，那是一件红、橙、黄、绿四色的宽条纹衬衫。后来，我穿着这件衬衫出门，碰见一个人，他说：“嘿，真心不错啊。”我心想：“好吧。”有点摸不着头脑，但还是继续往前走。接着我又碰见一个人，他说：“你敢于穿出自己的颜色，真是太棒了！”我不由得纳闷：“他到底在说什么啊？什么叫‘敢于穿出自己的颜色’？”后来当我分析当时的状况时才意识到，这两个人都认为我是同性恋。

如果在那种文化背景中谈判，而我又特意穿上了那件衬衫，我可能就会释放出这样的信息，“我和你们一样”。只凭衣服的颜色，就能形成内在的连接纽带。同时还送出这样的信号，那就是：我不怕人们知道我是同性恋，所以我把这种颜色的衣服穿在身上。这会影响到基于文化背景的谈判。

我前面描绘过一位穿黄色西装的男人和一位穿绿色西装、黑色西裤的女士之间的冲突。在你挑选衣服时，还需额外考虑如下几点。了解谈判的环境，以及你想要传达的信息。譬如，我就分享了同性恋文化背景下穿衣打扮应该向同性恋文化看齐的策略。

如果碰巧与艺术界人士谈判，你或许也需要穿得像个艺术家。你相信同样背景的人会取得共鸣，从而提高你的可信度和权威性。

我又想起了亚当，那个穿着花衬衫去赶赴业务会议想要为公司争取贷款的男士。我劝说他找间男装店买件新衬衫换上，但是他却没听我的建议。后来等他走进会议室，立刻就从那位保守的银行家伊凡先生脸上看出了反应。亚当觉得这种微表情代表着惊讶和蔑视，还有不受欢迎。“你不喜欢我的衬衫？”他问。伊凡先生违心地答道：“挺好的，一切都挺好的。”

要是据实回答，伊凡一定会说："阁下您的花衬衫，可不像是一个想要为公司争取大额贷款的人该穿的。"有所察觉的亚当可能会辩解说："作为艺术从业者，亮色能够表达我的艺术创造力。"

亚当的衣服在艺术圈里符合着装规范，但是换到银行家的圈子里就大错特错了。还好他观察到了伊凡的微表情和身体语言并试图补救。他费力地想转变伊凡的思维，让他理解他为什么要穿花衬衫。

重要谈判的前一天晚上，当你站在衣柜前，选择第二天的衣服时，一定要考虑到自己将要置身的环境，以及衣服的颜色可能产生的影响，它们在多大程度上可以符合环境，通常的服装选择以及其他到场人士的看法。你不仅要根据对手的心态，还要考虑自己想要达到怎样的目的。你需要预测到颜色对某个具体个体将会产生何种特殊的影响，以及它具有的特别含义。

你需要考虑谈判对手的行业以及谈判对手的身份。那个行业是自由还是保守？业内人士通常如何穿着？如果是一个朝九晚五的银行，那肯定是保守派，如果你穿着鲜艳的衬衫就会被认为是极不严肃的。意识到这一点，你的衣服若选择黑、蓝、灰等柔和的颜色准没错。清醒地意识到自己即将置身的环境，作为谈判者，不要让你的着装成为你谈判的障碍，这会对你的成功大有裨益。

颜色与体重

孩提时代，我经常去马戏团看表演。十分惊讶于那里有个小伙子为何总能精确地说出别人的体重。有一天，我问他："你是怎么做到的？是什么让你判断得如此准确？"他回答说："是人们衣服的颜色。我会先根据人们的块头，先估个体重。如果他们穿的是亮色衣服，我就减去 2~5 公斤；如果他们穿的是黑色衣服，我就再加 2~5 公斤。"

我一直没有忘记，因为他是根据颜色调整体重估值的，这就是颜色对外表的影响。

节食者都深有体会，衣服颜色有的显胖、有的显瘦。你也会注意到如果人们希望自己显得优雅而苗条，他们就会穿黑色。很多时候，你希望自己显得瘦一些，你会穿深色。如果你希望自己显得胖一些，你会穿浅色。有一次，我和客户在一起，她穿着略紧身的衬衫和短外套，衬衫是亮粉色。当时我正和她谈我为她的公司提供咨询服务的收费问题。

我注意到她确实难受。她不断地拉外套想盖住衬衫，但是她的外套系不上扣子。当我减少我的服务收费时，我注意到她极不舒服。最初我怀疑她不满意我的收费，后来我很快意识到她的身体语言根本与收费无关。这点我通过费率范围体系测试得出，范围体系是我检测她的参与度又不损失金钱的方法。在谈判过程中，你应该时刻心系这样的范围体系，这样你就知道何时到达高限（你最为期待的状态），何时到达底线（你不可忍受的状态）。这个体系的中间便是你的甜点，在此你和对手最有可能达成共识。

我意识到是过紧的衣服和颜色太亮的衬衫影响了她的反应。她的衣服令她心烦意乱，这表现于身体语言。

我已经分享了一些谈判前的穿衣经历。你的身材大小和体型都会影响到你打算穿的衣服。

观察人们对颜色的反应

记住有的人是色盲，所以他们无法识别某些颜色。但是其他人，你可以解读他们的身体语言以获知他们对你衣服颜色的感受。当你第一次遇见他，只需观察他的微表情即可，如眼部运动。

· 他是否随意地上下打量你？

· 他的眼睛是否睁大？

· 如果睁大，意味着什么？

这些微表情意味着他可能欣赏你衣服的颜色搭配。而这就给你一些线索，让你根据衣服的颜色和他谈判。

谈判中改变颜色

想象谈判过程中有人脱下外套的场景。譬如，杰里米和安妮塔是处理解决人身伤害诉讼的律师。杰里米身穿一件灰色的定制外套。当他突破了某个僵局后，脱下外套，露出了白色衬衫。安妮塔看他改换了颜色，猜测其含义。

她在考虑杰里米脱掉外套的时机和原因。他为什么急于这么做？想要传达什么样的信息？譬如，在本章前面提到的白衬衫展示纯真和纯净。安妮塔想知道："杰里米是想要表达清白吗？他是否想释放出一种潜意识的信息，'我是清白的，我完全支持你刚才的陈述'？"

安妮塔心想："他为什么此时脱了外套了呢？真有这么热吗？我得密切观察杰里米，看他还发出什么信号。"她看到杰里米揉着眼睛，意思是"我不想看到这样的报价"。然后他用力拉着衣领。她心想，他可能想说"这个领子可真热"。杰里米脱掉外套让安妮塔观察到了他的身体语言，有助于她解读为何他会脱掉外套，以及白色衬衫的含义。

还要考虑的是脱掉外套的时机。杰里米的团队打破僵局后，他脱掉了外套。他想说的是："让我们大干一场，撸起袖子，使劲谈！我就不信我们谈不到理想的数目！"或者他想说："你可以信任我！你看到我的白衬衫了吗？这意味着纯净和整洁。这也意味着我值得信任。我说的话都靠得住。你打算接受我的报价了，难道不是吗？"

除了琢磨杰里米为什么会露出白衬衫，安妮塔认为他也有可能表示投降，因为他还拉了拉衣领，揉了揉眼睛。谈判过程中应注意此类信号。如果你在某一时刻并不确定某个动作的含义，应持续关注其随后的信号。后面的信息会验证你之前的观察。

在谈判过程中，当你的想法有所变化时，是如何运用衣服颜色呈现这种变化呢？如某一天，你穿了一身保守的海军蓝西装，这天结束时，你对谈判进程不甚满意。第二天你换了一套白色西装，你的对手可能会问你："你还好吗？""为什么要这么问？"你回应道。"因为你穿了这套白色西装，这可不符合你的穿衣规范。"你回答说："哦，我感觉很好。实际上昨天的谈判很顺利，我想给大家鼓鼓劲呢。"

那算得上讽刺吗？就得取决于昨天谈得怎样了，但是你已经改变了状态。你已经彻底改换了自己的服装，穿上了与昨天完全不同的颜色。这样你就释放出新的非语言信号，你已改变了思维："今天等着看我使用新技能吧。"

在谈判过程中，要考虑到这些身体语言的细微差别。

环境的颜色

正如你看到的那样，颜色会影响谈判者的思维和策略。留心走进单调的房间时你会有怎样的感觉，亮色多半能够提振精神。

伊莎贝尔正和荷马见面商谈为他的销售队伍提供一系列培训。他们坐在荷马的办公室，这里的墙壁是黑色的。伊莎贝尔有点儿好奇："我怎么会想不出如何谈成这笔生意呢？我讨厌在这样的办公室工作，简直像个窑洞！"尽管伊莎贝尔没有意识到是单调的环境遏制了她的创造力，但她知道自己渴望逃离这间屋子。"荷马，我们是不是挪到会议室里谈更好呢？这样，我就能展开我的提案了。"走进亮堂的会议室，伊莎贝尔顿时觉得心情大好。

尽管黑色服装可以展现优雅，但是黑色同样也代表着死亡、邪恶和神秘。黑色的墙壁也会令人感到压抑。每当伊莎贝尔想到那间屋子，她就怀疑荷马是不是故意选在办公室里谈判，以便控制谈判的基调。房间的颜色可能会对谈判流程产生直接的影响。

检验你对颜色的推断

作为一种谈判策略，你可以通过提问，吸引人们关注谈判对手的服装。这将有助于理解不同文化背景、不同身材的人对颜色的看法。假使你马上要和达林谈判，谈判计划两天。第一天达林走进房间，穿了一件黄色西装。你可能会想，达林这么穿一定没有意识到黄色使他显得多么笨重。为了确认，你可以这样说："我注意到你今天穿了件漂亮的黄西装。告诉我，你穿上感觉怎么样？"

达林回答说："穿上它，我感到更睿智了。"你继续追问："睿智是什么意思？""意思就是穿上它，思维更清晰了，自我感觉能量爆棚。"达林如是说。

达林的话可以帮助你理解他为什么在这个特殊的时刻这样穿。如果达林说："我喜欢穿黄色西装，我并不真正介意人们怎么看。我想怎么做就怎么做，我就是要开先河、供人效仿。"

这样，你就知道：达林完全不在乎别人怎么看。他喜欢这种颜色，他就要穿这种颜色的衣服，不管别人怎么想。为了确认你的推测，你可以继续说："不过作为生意人，如果想表现得严肃点，选择黄色确实有点另类。"达林一脸茫然地看着你。

谈判为期两天。第一天，达林跟你说了他为什么喜欢这套黄色西装。第二天，他又穿着另外一套黄色西装重返谈判。他已经听到你说的话，你也向他灌输了自己的观点。在这种情况下，他似乎在用非语言信号对你说："我之前就说过了，我就是领导者，所以不介意其他人怎么想。黄色是我喜欢的，我打算一直穿下去。"通过达林的身体语言和非语言回应，你便可以确认他是个特立独行的人。

假使听了你的话，第二天达林换了炭灰色的西装、白衬衫，系着条黄色领带来了，你便知道你扭转了他的穿衣观念。同时还检验了他对作为领导人想穿什么就穿什么的自由度的假想。现在他的非语言信息是："听了你的话，我也进行了反思，意识到如果按照你说的去做，我可能会产生更大的影响力。所以我愿意从善如流。"

达林愿意改变，反映了他对改变的接受度，你可以借此制定自己的谈判策略。你现在意识到当受到挑战时，达林会做出让步。注意达林换了什么颜色的衣服，如果他第二天穿了一套深色的西装，你就知道自己确实影响到了他，使他改变了自己的观点。

请谨记你对颜色的猜测可能是错误的。不同寻常的颜色选择或着装可能并非有意为之。你有可能过度解读了对方的颜色搭配，那个人只不过早晨起来在衣柜前随手抓起一件就穿来了。我曾见过惊世骇俗的颜色搭配和服装。某次在机场登机时，我就发现排在我前面的女士把衬衫前后穿反了。本应在胸前出现的小口袋现在到了后背上。

即使两个人配色相同，但是穿黑西装、白衬衫，系黄领带的人和那个穿黄西装、白衬衫，系黑领带的人想法一定不一样。由于西装所占的面积大，于是黄色成了主导色。

假使某人身上出现橙、黑、绿、紫四种颜色，你可能会觉得那人不太在乎自己的形象。如果真是那样想，你可能还会推断出有些别的事他也不太在乎。在人们做出假设时常伴有一种危险倾向，那就是其假设依据的不是人们衣服的颜色搭配，而是人们搭配了这些颜色后的样子。即使是同一种配色，有人穿竖条纹会比横条纹好看许多。果真如此的话，你肯定会想他为什么还要穿那件衣服。在实际的谈判过程中，有些异域色彩的配色会大量分散人们的注意力。

破解颜色的含义

正如我前面提到的，很多因素会影响到颜色的含义，诸如文化、职业和身份。下文将列出几种颜色的通常含义。

红色

红色与能量相关，同时也与战争、危险、优势、权力、决心、激情、渴望和热爱有关。

大多数人想到红色时，首先想到的就是权力。本章上文中我曾提到红色领带是权力套装的组成部分。你可能听说过权力套装，通常都与红色密切相关。红色是一种支配色，从心理角度来说，男性比女性更易于被红色吸引，这是男人的天性所致。

为了检验红色的影响力，研究人员做了这样的实验。他们丢了一张一美元的钞票在地上，然后观察路过的人谁会去捡。十个路过的人里有九个会捡起这张钞票。研究人员又做了一些调整，他们在地上划了一条红线，然后把那张钞票放在红线旁。结果完全相反的效果出现了：十个人路过，只有一个人捡了，其他九个人避而远之。

当被问及绕道而走的原因时，有些人刚开始会说："我不知道。我总觉得弯腰捡钱不大合适。"当研究人员提醒他们可能跟那条红线有关时，这些调查对象会说："你也明白，既然你说到了，我猜想我也感到了危险。这肯定是个陷阱，有点不太对劲。"红色对人们具有这种影响力。

橙色

橙色起源于红色和黄色，因此橙色实际上具有红色的能量属性和黄色的欢乐属性。它还具有热带含义，橙色总是与欢乐、幸福、明快的热带氛围联系在一起。黄色具有令你感到更愉悦的能力，在夏季时你会穿这种颜色的衣服。橙色还代表着好天气，你很少看到人们在冬季穿着橙色衣服四处走动，反而他们有可能会在秋季的收获季穿。

黄色

金黄色的阳光不仅能唤起欢乐和幸福，还代表着智慧和能量。众所周知，大量的能量源自太阳。黄色能在你心中唤起这种感觉。人们身处黄色中更易于兴奋。如果你想避免兴奋，就不要将谈判对手带进黄色的房间。

绿色

绿色总是与金钱、自然、丰饶、和谐有关。绿色代表着新鲜，它充满生气、健康，有益身心。你一定看到过大部分售卖生鲜的蔬菜水果店都带有“绿色生鲜”字样。

蓝色

蓝色总是与稳定、信任和忠诚相关。本章我通篇都在列举蓝色，蓝色隐含着睿智、自信、聪明、诚实和忠诚。过去你一定听别人说过“I’ll be true blue to her”（我会对她忠贞不渝）。由于其属性，蓝色可以传达这样的感情。

紫色

我钟爱紫色。不仅因为从品牌的角度来说它代表能量，还因为它含有蓝色成分，而蓝色是能量之源。

除了能量，紫色还代表权力、高贵、奢侈和野心。它和皇室相关。

我曾考虑将紫色用于品牌标识，只是因为喜欢这种颜色，并未充分理解这种颜色的特质和它对其他颜色的影响。随着我对颜色的认识日渐加深，我逐渐明白它为何那么吸引我。我胸怀远大，喜欢享受生命中美好的事物。人们也曾说我有时会很强势，而紫色恰巧精确地涵盖了我的上述特质。

想想人们如何可以将某种颜色引入着装。在谈判时，我通常穿深色西装、白色衬衫，系紫色领带。看看从颜色搭配的角度这代表什么吧！黑色西装散发着权力和优雅气质，而紫色领带散发出能量、权力和高贵。我通常穿白色衬衫，在外套口袋里配条纯白色或紫白相间的手帕。这样做便传达出一种蕴含着权力、高贵、纯净以及能量的信号。

白色

白色总是与善良、纯真、纯洁相关。它同时还代表着整洁和安全，具有描述真相的附加值。婚礼上的新娘通常穿白色婚纱，象征她的纯洁。对于大多数情况而言，白色代表着正义，黑色代表着邪恶。在美国戴白帽子的人通常都是英雄，而戴黑帽子的人则总是恶人。

黑色

黑色代表着权力、优雅和正式。它也预示着死亡、邪恶和神秘。我们常将黑色与死亡和哀悼联系在一起，如穿黑色出席葬礼，表达哀思。男性也必须十分小心，不要穿一身黑色衣服。全身黑色更有可能指向死亡、邪恶和神秘，所以必须佩戴点其他颜色的配饰以提亮。如果你全身黑色，那么实际释放出来的身体语言信号就是："小心！别靠近我。你不明白我下一步要干什么。"这就是黑色的神秘之处。与此相反，一位女士全身黑色可能会被认为久经世故。

你也许会注意到警官和皇家护卫队在镇压暴动时穿的都是黑色制服，因为黑色具有震慑作用。你能想象出他们一身粉色或是黄色会是什么样子吗？这也许可以成为另外一种制止暴乱的方式，因为人们会笑得太厉害以至于什么都干不了。无论你是参与谈判还是干其他事，不同的颜色总会产生不同的影响。

与使人分心的颜色做斗争

上文我举过两个关于如何避免被颜色困扰的例子，你可以选择看着你的对手，而不是他的黄色西装。伊莎贝尔也询问荷马是否可以从这间黑色墙壁的办公室挪到另外一间亮堂的会议室，谈判者此时已经意识到了房间颜色对谈判的影响。

本章旨在帮助你理解颜色代表的意义。但是你可以对颜色固有的含义置之不理，而另行赋予它们新的含义。假使你对自己说："等一下。看那些穿西装打领带的家伙。我若打算像我想的那样与众不同，我就要背道而驰，穿上我的浅色外套。我才不要受人控制。"当你这么想时，一定要充分意识到跨出这条红线后可能会导致的风险。虽然如此，你也可以这么做，不受颜色或人与颜色之间关系的控制。

记得有位政治家，曾是电视上某个人物的原型。他利用自己的职位权力，指使自己的亲信宣传如何与他打交道，有时甚至细微到拜见他时需要穿什么颜色的衣服。他的亲信告诉别人，千万不要和他握手，他不喜欢跟别人握手。然后等客人一现身，政治家就会上前主动握住对方的手。那人马上就会觉得，等等，别人明明告诉我他不喜欢和人握手啊，是因为他待我与众不同吗？就是利用这样的策略，政治家达到了取得他人好感的目的。

如果你意识到有人正在使用某种颜色策略，你可以选择不受控制。譬如，伊莎贝尔就可以对自己说：“我感觉荷马的办公室太黑了，但是我会告诫自己这里只不过是有点静，并没有感到压抑。”

综述

你始终要考虑即将置身其中的谈判环境，以及在那个环境下人们对不同颜色的理解。想清楚为什么在某种环境下你需要搭配特殊颜色的衣服。重要谈判前严禁随便从衣柜里挑件衣服就穿走，这点我已经强调过了。

你是否想显得独立而不盲从？如果这样的话，你就应该考虑穿些颜色不同寻常的服装。

衣服和房间的颜色都会释放出影响谈判的信号。运用这些知识，塑造你的形象，观察其他谈判者的着装。正是因为了解了颜色的奇妙，你不仅可以识别出别人向你发出的信息，还可以有意向别人释放某种信息。

关注颜色传达的实际信号，它们是如何从身体语言的角度对你构成影响的。谈判的最终效果甚至有一部分是取决于你的形象和穿着的。你对自己着装的颜色越满意，你就越容易在谈判里自信从容。

第五章

脑力博弈：了解情感和心理在谈判中的作用

胡安·马丁内斯有麻烦了，他的加油站该交房租了。油价下滑影响了他的业务，导致利润十分微薄，他每天心惊胆战地看着利润持续下滑。就连妻子也向他施压，催他到更安全也更昂贵的社区买房子。没有什么积蓄的胡安感觉受到了房东和妻子的腹背夹击。当妻子唠叨说“你要是再不多挣点钱，可能我就得去上班了”。胡安觉得自己真失败，简直不像个男人。

房东恩里克打来电话，询问为什么房租还没交。胡安听出自己声音中的恐惧，“我们得谈谈了。”他对房东说着。恩里克听出胡安的恐惧，脸上闪现一丝笑容。他心想：“我怎么能把他的恐惧变成自己的优势呢？”

在妻子和房东的双重夹击下，胡安心想“干点别的吧”。妻子的话让胡安压力很大。带着压力谈判意味着你将面临错失非语言信号的风险。胡安本该对恩里克说：“等我稍后再打给你吧。”这样他就能给自己留点时间反思现状，而不是在心慌意乱的状态下谈判。

与他相反，恩里克却名正言顺地说：“我正开车呢。”恩里克感觉到了胡安的恐惧，因此本可以采取点措施打压胡安。恩里克心下盘算：“办法有的是。”他清楚自己能利用胡安的恐惧使他让步，但果真那么做的话，就有点落井下石了。

心理障碍

恐惧是最大的心理障碍之一，愤怒同样也可以阻碍谈判。你可能听到有人这样说过，“I saw red”。这意味着他视野已变窄，失去了精确感知刺激的能力。正如我在第二章谈及微表情时所述，厌恶也有可能成为一种心理障碍。

作为一种心理障碍或是心理促进，惊讶也会影响到我们的谈判能力，因此很多人不喜欢惊讶。当我们感到惊讶时，我们需要评估惊讶对我们是有利还是不利。等确定了利弊，我们才能采取行动。惊讶有时会使我们失去有效谈判的能力。

这些障碍会影响你的谈判能力。由于害怕对手，你会用不同的方式看待对手。如果被他的行为激怒，你可能会做出同样的反应。他的意图可能与此相反，但由于你的反应，你们便进入了同样的状态。谈判也随之走向歧途。谈判中务必确认自己的精神状态以及这种精神状态将会对谈判产生怎样的影响。

近距离看情绪

我曾经见过有的演说家因太过急切地想要获得演讲机会，所以就不自觉地陷入了这样的怪圈：我要怎么做才能得到这次演讲机会？我愿意价格上打个折扣，你们也不用提前付我 50% 的预付款，交通费我也可以自己承担……最终他们做了太多的让步，而这就是源自由恐惧导致的心理障碍。

充分意识到你的恐惧是什么，你为何恐惧，以及你对恐惧的了解精确到哪种程度。想想在过去的谈判中感到恐惧时你会有怎样的反应，现在的状况与过去是否相同。前面的谈判你是怎么处理的？从中学到了什么？如何运用这些信息？一旦对这些因素做出了评估，你至少就知道自己为什么会恐惧以及该如何应对恐惧。

对对手的轻视也会成为心理障碍。也许还没进入谈判室，你就在想："今天我得灭灭他的威风，上次谈判这家伙占了我的上风，现在我得扳回一局，至少也得让他知道我不是好惹的。"轻视对手意味着你会做出与毫无心理障碍时不同的反应，进而影响到自己的谈判风格。

悲伤也会影响到你的谈判能力。你可能会像胡安那样，在和恩里克的谈判前因妻子的谈话而困扰、悲伤或是闷闷不乐。悲伤会令你处于不利地位，因为此时你更关注的是自己的情绪，而不是谈判。

克服心理障碍的好处

进入谈判室前，你需要了解心理障碍的成因以及如何克服它们，这样会获益良多。过分关注双方致力于实现的结果，会影响到你的心情。先确定需要解决的障碍，给予对手一些他需要的东西，使他感到满足，这样你才能获得自己想要的东西。记住，心理障碍可导致谈判迅速恶化。

利亚姆·唐纳利走进一家汽车经销店为自己的母亲选车。尽管他使出了浑身解数，和销售代表莫里斯·巴斯磨来磨去，但最终还是没谈拢。在离开汽车经销店后的第二天，利亚姆接到莫里斯的电话，劝他说："你回来吧。"利亚姆认为前天没有打开的死结解开了，回到经销店估计就能把车买了。可没承想这只不过是他一厢情愿的想法。

令利亚姆大跌眼镜的是，等他走进经销店，他发现莫里斯竟要从头开始谈。利亚姆说："不行，这些早谈过了。我以为今天来就可以成交了，所以才来的。"原有的预期和现实的挫败令利亚姆怒火中烧。他大声斥责经销商的行径，嚷嚷着以后再也不到这里来买车了。经销商店里的人们听到利亚姆的吵嚷声，纷纷停止了手头的事。

利亚姆的失控源于他的心理障碍。如果控制住自己的情绪，他是有可能谈成这桩生意的。

自负和自大的心理障碍

人人心中都有一幅蓝图。我们总以为别人也会像我们那样看待自己，但事实并非总是如此。譬如，你的对手可能是个多疑之人，他会觉得为了操纵某项交易所有人都撒了谎，所以和这样的人谈判也会变得异常艰难。毕竟，他和我们的价值观不同，不认为人都是诚实的。让我们换个角度看问题。假使你认为对手职务太低，不配与你谈判，那你势必不会像和别人谈判那样与他谈。

我们还需要考虑这种情况，那就是你认为对方试图伤害你。如果你抱着这种心态去谈判，那势必会影响到双方的互动。你不会像往常那样开放，因为你觉得暴露自己就会被人占便宜。所以你对对方提出的报价心存疑窦也就不足为奇了。在自我保护的驱使下，你会详细审查各种可能存在的风险和陷阱，你不相信对手。但其实信任对谈判而言是至关重要的。

意识到自己的心理状态

身处压力大的状态或环境时，我们将无法像通常那样行事，也无法以正常的视角看待问题。受到恐惧和怀疑的干扰时，我们可能会忽略本来对自己有利的因素。

与此同时，我们便陷入一场对自己不利的谈判。顽强地坚持着，却没法全神贯注。内心的恐惧可能使我们预感到完全不存在的风险，疑心重重，过度紧张。我们还会更关注负面信息，而不是正面信息。

如果你不具备恰当的心态，你就要意识到这并不是谈判的最佳时机。怀着这种心态去谈判，你很有可能会做出让步：说出通常不会说的话，做出通常不会做的事。

你今天的行为会影响到明天的结果。你可能会播下恶果的种子，如果你将来再次和那人或者他的同僚谈判的话。而他也可能会对你个人、你的谈判方式以及你的个性等做出负面评价。

谈到如何摆正心态，我想举个例子。我曾收到某组织邀请我演讲的询价。我知道和我接触的人只有一个权限，那就是打听我的收费情况。我问她一些诸如此类的问题。

“跟我说说，你们想要什么样的演讲？”她解释说：“我们就想找个人来讲讲身体语言的事。”我再问：“那你们想达到什么样的效果？”“让员工更了解身体语言啊！”她答道。我继续问：“说具体点，你想要员工了解点什么？”她承认：“这个我不太确定。”我继续追问：“你想要多长时间的演讲呢？”她说：“这个我也不太清楚。”

我问：“那请告诉我你在公司里的职责，还有你是怎么找到我的。”“我通过搜索，发现你是身体语言专家，就联系了你。”她说。为了获取更多信息，我问道：“你还想从这次安排中获得什么？”她承认：“我还真是不太确定。我需要知道请你来的成本。”

我有点生气地纠正她，说：“首先，这不是成本，这是一种投资。”我问她会有多少人去听，她说大约200到300名，都是些房产经纪人。我概括道：“好吧，200到300人。这可不是一种成本，而是一种投资。因为随着他们对身体语言的了解大幅提高，他们的谈判能力就会大增。讲到这里，你希望演讲中包含多少谈判技巧类的内容？”她的反应是：“我不知道，我就想知道请你来的成本。”我感到陷入怪圈，说：“我再重申一下，这是一种投资。”

只不过暂时让了一步，我就意识到了谈判对手的目的。我问她的问题都是谈判中必须要搞清楚的问题：“还有谁参与决策过程？谁将做出最后的决定？”她告诉我是首席执行官和主管财务的副总裁。

她再次强调说自己只负责收集数据。我告诉她：“我甚至连个投资数据都报不了。”我故意用了“投资数据”这个字眼，因为我不想被看作是商品。我这么做是为了把自己和别人区分开来。在谈判中，你要凸显出自己所能提供的服务与别人提供的服务是不同的，这样才能把提供同样类型服务的对手踢出局。

她最后说:“我理解不了你说的话，所以我也不打算再往下谈了。”我说:“好吧，谢谢你。”然后我给那个公司的首席执行官打了电话。我给他留了个语音邮件，介绍了自己的资历。这样如果他感兴趣就可以联系我。

反思了自己的行为以后，我第二天打电话给那名助理表示歉意：“我一向高度重视与人们进行有效的沟通。我也试图与更多人和睦相处。而昨天这些我都没有做到，所以专门打电话来表示歉意。”她说：“太感谢你了，你没必要道歉，因为我只想收集信息，别的我也没有权限。”谈着谈着，我得到了额外的信息（我已经猜到的信息），但是我在那家公司内部有了盟友，她很有可能会向领导汇报说“我联系上他了，这是我从他那里得到的信息”。

让我们想想，这种情况下我们如何运用杠杆。我告诉她我和首席执行官打过电话了："我给他打电话，是因为我知道自己提供的培训会收效显著，这一点已经从别的房地产经纪公司那里得到反馈了。"紧接着，我就问她是否知道房地产领域的几位杰出人物。她承认自己知之甚少，我判定她确实缺乏行业知识，也确证了她只负责收集信息。这样做的结果是我启发了她，如果想收集到更多信息该如何更好地准备。

尽管我是在帮她，但我的帮助可能会损害到自己的利益。因为我向她提供了一些业内人士的名字，她很有可能会联系这些人。但是至少她知道我可以向她提供支持。就这样我关注到了自己的行为，也改变了她对我的看法，扭转了事态，从而完成了这次谈判。

谈判的媒介

想想有多少信息是通过身体语言和声音传递的吧。如果我在你耳边说"我爱你"，你会关注我说话的语气；如果我在纸上写下"我爱你"，你可能会感受到这些字的意思，但是你对这三个字的解读可能和我完全不一样。因为它们可能传达不了同样的强度。所以如果可以听到对手的声音，你会获得更多启示。和对方在同一屋檐下谈事，比在电话里获得的信息更多。通过电子邮件或者信件进行的谈判，能提供的有用信息少之又少。

谈判使用的媒介会对信息的接收产生巨大影响。如果你想使用各种不同的媒介，则需要熟练地运用它们来优化你的谈判策略。譬如，如果你想要对手更清楚地理解协议书的条款，这时最为有用的就是给出书面报价。这种谈判就设定了和口头协议完全不同的基调。可能在你给出了书面的初步报价后，有人说："等等，我觉得这不是双方达成一致的意思。"这时，你就能够指出那个确定了协议范围的文件。

书面协议可以赋予你不一样的角度，当你与对手通电话或面谈时。如果他们写了一封信回应你，表示"这跟我的理解不一致"时，你可以采用书面、通电话或是面对面的形式澄清细节。谈判时你需要分外关注沟通的媒介，如果想获取非语言的信号，就可以通电话或是采取当面沟通的形式。

身体语言使你能够根据人们的步调、语言和兴奋程度，获取情绪传达时的细微差别，这些都是书面沟通无法获得的。要想知道哪种方法对你最有效，还要看你所处的环境，以及你想通过沟通达到什么样的效果。

律师科克·伍德致电工程专家罗琳·纳丁，要求她在八天内完成某报告。罗琳和同律所的其他律师合作过，但是从未和科克·伍德联系过。科克介绍了该项目涉及的方面，以及他的要求。谈话过程中，罗琳做了记录，要求八天内完成项目，第一次预付款结清后向她出具发票。根据罗琳的费用协议，这个报告完全是个急活。

科克对发票的事产生了异议，他声称他可没要求工作这么急干完。罗琳指出他已经签署过费用协议，而协议中规定这种工作应归为急活，急活就得按照急活的费用支付预付款。当罗琳拿出当时的记录复印件，标明了以电话后八天为期。科克就不再为这算不算急活而争执了。

科克还声称，他让罗琳控制项目规模，不必出具完整的报告。罗琳的笔记里没有找到这句话，也没有书面的东西用以佐证律师的记忆。她想不起来律师说过这句话了。

中国有句谚语：“好记性不如烂笔头。”在这种情况下，如果有封能确证科克预期的信函就会十分有用。如果罗琳和科克是通过书面媒介谈的，他们就肯定会保留记录。这样有了白纸黑字签下的东西，他就很难事后翻脸不认账。

人们有时真会遗忘。人们各有各的观点，有时他们会将两种不同来源的想法混为一谈。这样他们对某情况想得越多，就越会相信自己的想法是真实的，这样说来他们并没有撒谎。他们认为这就是真实发生的。如果你遇见这样的对手，他对过去说过、听过、要求过的事和你有不同的看法，谈判就会变得异常困难。

罗琳交给了科克她认为他想要并且需要的东西。由于没有形成书面记录，无论罗琳还是科克都错误地认为他们已经就科克需要的东西达成一致了。因此在现实中，一切皆有可能偏离真相。

假使朋友间发生了同样的困惑，因为关系好，双方自会互相鼓励寻求化解之道。朋友更看重交情，但是罗琳和科克之间不存在这种内在的动机。罗琳比科克占劣势，因为她的选择有限。她早已移交了报告。她可以降低价格，或者要求科克按照她自认为正当的价格支付费用，或者等清算了发票以后再也不和科克他们的律所打交道。问题的关键是罗琳明明干了活，却没有得到本应得到的报酬，就因为她没有保留书面证据。而科克最终仅支付了罗琳三分之二的费用。

避免基于记忆的冲突

这里我要提出对科克和罗琳的建议，也是对任何参与谈判的人可资借鉴的教训。你要时刻谨记确认双方对谈判条款达成了一致。罗琳本可以在开工前就把自己的记录给科克看看，说：“这是我的理解，请确认你是否同意。”如果工作计划得到了科克的确认，那势必就能扭转罗琳后来的被动状况。

罗琳没有料到和科克的合作还闹到互相质证的地步。她早先和同律所其他律师有过成功的合作，但这并不意味着和科克的也一样。谈判时要保持头脑清醒，如果罗琳盘算一下，“我和这个律所合作过，但是并没有和这个律师合作过”，她就该意识到是在和不同的人谈判。即便你和某个人可以成功合作，但是你若采用同样的策略和第二个人合作，那就可能会获得完全不同的结果。每场谈判都是不同的，即使你是和同一个人谈判，也会受到他的心态和心理障碍等因素的影响。

潜意识信息

我们整天都在向人们发送潜意识信息。它反映于我们如何走路和穿着，我们拥有什么样的资产，我们开什么样的车等。所以仅凭走进房间的简单动作，你就可能已经向谈判对手释放了潜意识信息。你是自信还是怯场？你的手势传达了什么样的信息？你的双手是随意移动，手指伸直，还是握拳？所有这些变量都在释放潜意识信息。有效使用潜意识信息可以提升你的谈判能力，不妨回忆一下利亚姆·唐纳利在汽车经销店的行为。他后来意识到自己能做的除了要改变举止，就是要使用潜意识信息了。利亚姆本可以说：“我既然回来了，就是想谈成。这些都应该成为交易的条件。”

隐含的潜意识信息就是，“我打算达成双方满意的交易”。利亚姆有可能已经检验过那个前提了。假使利亚姆利用了潜意识信息的技能，让莫里斯知道他们会达成成功的交易，他可能会引导莫里斯的看法。为了回应利亚姆使用的“成功交易”这个激发性词语，莫里斯会明确地报出自己确认的协议参数。

采取强硬立场的谈判者可以这样说：“如果这样都谈不成，那还有什么好谈的。”相反，你要想引导谈判不妨这样说：“我相信我们可以达成满意的协议。”然后说出在你看来什么样的协议才算是满意的协议。描述完毕，再问上一句：“对此，你同意吗？”对手的回答会给你机会问后续的问题。这种技巧使你能够表达潜意识信息又免于莽撞地直接讲出来，“这就是我需要做的”。

现在让我们谈谈不同视角下的潜意识信息。潜意识信息可能被用作设定正面的期望值，也可被用于设定负面的期望值。假设你正和某个急切成交的人谈判，你说：“如果这桩生意谈不拢，我知道将会付出巨大的代价。”传达出的潜意识信息是：如果无法谈成，你将会是那个遭受损失的人。这是个潜意识信息，但是你并不想逼迫对手，让他知道你已看出他比你更需要做成这桩生意。

这种类型的潜意识信息给对手留足了面子。谨记切勿在谈判场合让对手丢脸，因为那种情况下他可能会不惜使用各种策略来维护自己的声誉，甚至采用不太合理的方式。

情商

情商意味着清楚地意识到在某种情况下你如何激发出你和对手的某种反应。它还包括在特殊谈判环境下基于想要传达的立场而表现出的特殊习惯。你是想表现出随和还是精明？

当涉及情商时，你需要搞清自己想要扮演的角色，并预测谈判对手将要扮演的角色。想清楚怎么与他互动，如何有效地使用激发物产生自己想要的结果。如果你能有效地控制自己和对手的情绪，你的谈判之路势必会风生水起。

恐惧对情商的影响

本章开篇时我曾描述了胡安与恩里克的谈话，由于妻子和房东的双重压力，胡安内心十分恐惧。恐惧会影响情商，因为它阻碍了我们正常的思维能力，使我们失去了理性看待现实的能力。恐惧加剧了压力，不利于我们的表现。

但如果你能唤起对手的恐惧，这可能会成为你的优势。这种技能可以成为你操控对手情绪的策略，使他意识到根据你的要求做出让步的价值所在。譬如，你可以和他讨论如果谈不成他将面临的损失。对损失的恐惧会驱使他去做你告诉他的该做的事，因为你已经向他传达了只有那么做才符合他的最大利益。

谈到恐惧和情商，你还需注意恐惧可能会影响你的能力，不仅包括从情商角度对你谈判效率的影响，同时还包括你如何使谈判对手感到恐惧。利用他的恐惧心理，使他达到心理承受极限。

胡安一听到恩里克的声音就感到害怕。意识到这一点，他大可不必表现出来，胡安本可以推迟打电话，而不是像当时那么处理。胡安应该这样问自己："为什么我这么害怕呢？我该怎么做才能减轻点压力呢？"记住，压力可以摧毁谈判。它会使你意识不到细微的差别，意识不到你还有很多选择，意识不到自己可以使用的各种策略。压力使得胡安丧失了有效谈判的能力，他应该为自己留点时间，反思一下恩里克的行为，以及该怎么做才能缓和他的态度。"是的，很抱歉房租晚了。我能做点什么让你感觉好些吗？"

胡安其实还有许多办法可以补救，他本已意识到了妻子和房东给他施加的压力。但说起来容易做起来难，他意识到：“我把前面的压力带到了后面的谈判中。”同时面临的压力越大，你就越容易将压力带入下一波谈判，这样你就更不可能做出有效的谈判。不可避免地，你就会面临做出让步的风险。

尽量以积极的视角看待谈判。与其斥责自己：“我简直太蠢了。”不如学会从谈判结果中吸取教训，积极从生活中吸取正面经验。从情商的角度来看，这些有助于强化你的谈判能力。

世上本没有失败。它们只不过是出乎意料的结果。我经常挂在嘴边的话就是：我从未失败过。人们总问这是什么意思。我答道：“无论结果如何，我从未失败过。因为每次我总是能从中吸取经验，把每一次谈判当作提高自己未来谈判能力的学习机会。”保持乐观，有助于提高你的谈判能力。一味地抱怨和做出负面行为则会影响你正常的发挥，导致更多负面结果的出现。

成功的因素

谈判前需要充足休息。在疲惫的状态下，人就很容易犯下本不该犯的错误。

高效谈判的另一要诀就是要注意饮食，食物和饮料会带给你能量。但是摄入过量的咖啡因也可能会使你紧张不安，谈判前吃得太饱也可能会使你在谈判中感到困倦和迟钝。

心理的成功因素

考虑如何调动你的情商来识别对手使用的触发器。预测哪种触发器将会用来触发你的热按钮，这点我在下章中将会讲述。热按钮会导致你对某种信息或状况做出反应。

当你置身于谈判过程中时会发生什么？在规划阶段，预备好所有可以预料到的状况，预想到所有可能会出现的困难。找个人角色扮演，帮你做好各种思想准备。让他扮演你的谈判对手，预演所有可能出现的不利状况。制定出你的谈判策略，然后转换角色，由你来扮演对手。这样可能还未见到对手，你却已能够预判谈判可能出现的状况。

通过角色扮演，你就会清楚地知道在哪种状况下你该如何做，这都已经在你的头脑中预演过了。从心理上来说，因为你已经准备好了，所以你不会猝不及防。整个流程谙熟于心，再运用心理学原则进行运筹，你势必会成为一名出色的谈判专家。

陷入僵局时的潜意识信息

前面我描述了如何使用潜意识信息提出委婉建议，诸如“圆满完成这场谈判，结果会让双方皆大欢喜”。当你面临谈判僵局、觉得四处碰壁时，就到了潜意识信息发挥作用的时候了。但我想说的是，今天陷入僵局不意味着明天你不能打破僵局。只要你一直敞开着那道门，你就能持续谈下去。所以永远不要说什么“必须接受我的条件，否则咱们就别谈了”！这无异于砰地关上门或者说把对手逼到墙角。

相反，你可以利用潜意识信息这么说：“根据现状来看，咱们好像不太容易达成共识了。不如换个时间，明天、下周或者随便什么时间再谈，看看能不能达成共识？”这条潜意识信息中的“现状”暗示着不能达成共识只是暂时的，不意味着永远会这样。

到此为止，我已经明确了该如何对谈判对手使用潜意识信息。当你熟悉了潜意识信息，你就能侦测到别人正在对你使用的这种信息。在谈判的谋划阶段，你可以预测谈判过程中可能发生的一切。这个过程中的任务之一就是预测谈判对手将会对你使用怎样的潜意识信息。他们掌握了哪些关于你的信息，从而形成了他们自己的潜意识信息？什么是你的热按钮，对手会如何使用潜意识信息触发这些热按钮？

例如，我小时候，总有孩子辱骂别人的妈妈。其他孩子会发出要打他的潜意识信息。这时如果那个孩子识趣理解了这些信息，他本可以否认自己骂过人，然后一走了之。这也不失为应对潜意识信息的一种方式。

理解了什么是潜意识信息以及如何使用潜意识信息之后，你就应该准备好应对潜意识信息，而不是被它左右。如果这并非你的优势，尽量避免做出对手想要你做出的反应。如果他意识到在你这里潜意识信息没有生效，他可能会尝试不同的潜意识信息。当心他的策略，如果你并没有做出如他所愿的反应，观察他是怎么做的。这种技能有助于你应对他发出的潜意识信息。

如果对手使用了潜意识信息，你可能在毫无提防的情况下中招。尽量做好准备，确保自己已得到充足的休息、营养和锻炼。

我听别人说起过一位老年妇女的经历，她是人身伤害案的原告。那个带她宣誓作证的律师不仅在庭审前给她拿了点心，还在询问问题时靠近她，极力迎合她。最终，当他点着头对她说："是的，你不太记得这次事故中的情形了，对吗？"盲从于他的身体语言，她也点头说："是的。"她觉得他很有个人魅力，完全没有意识到自己的证词彻底毁了这桩案子。宣誓结束后，她甚至还质问自己的代理律师："你怎么不像人家那么热情？"经历过这场风波，那位老妇的代理律师希望提醒所有客户，一定要警惕宣誓室里可能会遭遇到的潜意识信息。

如果准备充分的话，你会意识到对手正试图触碰你的热按钮。这时你就得这么想："我可不能这么干。我得小心他的花招。"譬如，当你的对手说："我知道你想今天谈成，因为这桩生意对你很重要。"你可以回应说："哦，可不是这样啊！我有很多时间，我不着急。"这样你的答复就完全与对手期待的相反，令他猝不及防。

捆绑销售的心理

充分利用捆绑销售的心理，达成谈判双方的一致。下面就说说它是如何运作的。假如你提出了报价，对方表示赞同，但还没到马上就要和你签约的地步。这时他会讨价还价地说："如果再附上这个条件，我就签约。"你心想："不行，我不同意这个条件，但是我同意加点别的可以让步的条件。"

了解你的动机

你可能听过人们说起要"做真实的自己"。这就要求你了解你自己以及自己的价值，懂得自己为什么会这么做，别人对你有什么影响，想象你自己如何能影响到别人。

· 你想从别人那里获得什么？

· 为什么你会和这些人而不是那些人保持联系？

· 你这么做有什么目的？

你会因何而斗志昂扬？因何而垂头丧气？对于这些你越明白，就越能有效地与人互动。面临任何一场谈判，每个谈判者首先最应该想到的都是：“在这场谈判中，我将如何控制自我？”

综述

专注于身边发生的脑力博弈。当你的对手试图占据优势地位时，无须慌乱，毕竟你也在谈判。每个参加谈判的人都相信他们可以改善自己的地位。你的对手只不过在做着你也想做的事而已。

寻求共同的基础以便建立信任。想一下，如果双方互不信任将会发生什么，同时做好应对信任破裂的准备。你是否会向别人道歉以显示自己值得信赖？如果是这样的话，道歉应该成为谈判过程中的应有之义。谨记恐惧在谈判中发挥着巨大作用。你可以在多大程度上运用恐惧心理去影响谈判？

清楚自己想要营造怎样的形象。你想给别人留下怎样的印象：是“这人不可小觑”“这人值得信任”“这人很友善”，还是“这人是为谈判双方好”？明确自己想要得到怎样的谈判结果。为了实现这一目的，在谈判开始和谈判进行中发挥自己应有的作用吧！

第六章

触发器：发现激发情绪的热按钮

艾伦·卡特领着泰伦斯·缇勒来到赛马场的独家俱乐部，进入他的私人餐厅。服务生来到跟前，艾伦点了一瓶昂贵的葡萄酒，说道："泰伦斯，想要什么，尽管点。"艾伦不失时机地展示着土豪的派头。

泰伦斯参加这个会议的目的就是为了购买艾伦的赛马。泰伦斯的生意朝不保夕，但他认为，如果有一匹赛马，就能吸引更多客户。他知道，一旦拥有一匹赛马，他就能在赛马圈占有一席之地。而一旦进入这个圈子，他的生意肯定会大有起色。

用餐结束，艾伦和泰伦斯开始商议赛马的价格。艾伦的话语间透着一股傲气。"你当然知道，泰伦斯，照料赛马需要食物、训练、请兽医，开销不小啊。你确定能负担得起吗？"泰伦斯挺直腰杆，深吸一口气，说道："绝对没问题！这不过是小菜一碟。"接下来，他出的价钱超出了自己所能承受的上限，但是，既然对手咄咄逼人，他又岂能认输。

性格特征

泰伦斯和艾伦都表现出了常见的个性特点。世界上的人有四种性格特征，若掌握这些特征，你就能在谈判中如鱼得水。这四种特征分别是：协调者、调查者、引导者和调解者。

协调者做事有条不紊，充满激情，动机强烈，并富有创造力。他冷静而又灵活，喜欢逗趣。

调查者冷静而严谨，做事理智多于直觉，强烈依赖自我感知技能。调查者具有某种创新思维，这种类型的人感情内敛，喜欢独处，绝不轻易相信他人。

引导者善于社交，魅力无穷，精力充沛，在任何场合都游刃有余。一旦觉得不自在，他就会想方设法让自己心情舒畅。这样的人是社交场合的发光点，他与谁都能相处得来。他性格外向，对他人不吝赞美之辞，散发出无穷的吸引力，能轻而易举地适应新的环境。对他人也具有很强的影响力。

调解者善于解决问题。他进取心强，可爱动人，诚实可靠，刚正不阿。调解者性格坚韧，不达目的绝不罢休。这样的人是个细节控，善于建立关系网，喜欢观察有权势的人。

任何人都可以根据需要和实际情况，在这四种角色之间来回转换。如泰伦斯想买艾伦的赛马，他表现出一副调解者的姿态，他想结交赛马圈的权力人物，他的动机是改善自己的生意。他与艾伦来往，是要让艾伦把赛马卖给他，因为他相信，赛马会让他的生意起死回生。

艾伦展示的则是引导者的特征。他善于社交；赛马场是他的地盘。他要表现出魅力和能量，以便消除泰伦斯的拘束心理。

触发器

“你当然知道，泰伦斯，照料赛马需要食物、训练、请兽医，开销不小啊。你确定能负担得起吗？” 当艾伦说这句话时，他的言辞里透出一股傲气。这个问题就是个触发器，激起泰伦斯做出反应。艾伦要在泰伦斯身上诱发某种身体语言，看看他究竟会不会对赛马需要花费的成本感到不安。艾伦的行为能使触发器做两件事：首先，当泰伦斯心中琢磨“这要花多少钱”的时候，他可能会表现出不安；其次，从谈判的角度来说，艾伦在给泰伦斯设陷阱，让他以为买这匹赛马需要的钱会远远超出他期望的价格。这是一个激将法，言下之意就是：“你能行吗？”（这种激将法使人们甘于冒各种风险，从理智走向鲁莽。）然而，若在谈判一开始，就确定自己的立场，那不失为上佳之策。通过观察谈判对手的身体语言，你就能了解他对你的意图是什么。

艾伦营造的氛围，对泰伦斯的男子气概构成了强大的挑战。他将谈判设置在一个极其奢华的环境中，因为他知道泰伦斯渴望提升自己的地位。他的选位是特意为泰伦斯设的一个局，要让泰伦斯用高于预算的价格购买这匹赛马。设想一下，如果同样的对话发生在满地马粪的马厩里会产生什么效果。

触发器的目的

触发器能够改变谈判对手的想法，以便控制对手，让自己处于有利地位。因此，你需要了解触发器的价值，要在多大程度上对它们加以利用。艾伦在泰伦斯身上使用了触发器，他强调养一匹赛马成本很高。这对泰伦斯想要表现的自我形象构成了挑战，谈判也就变成了一件保全面子的事。

在我十几岁时，我的小伙伴赌我不敢和同龄女生说话。那便是挑战，是触发器，迫使我说出“我接受你的挑战”。触发器在很多情况下都可以使用，用来试探别人，或改变他们对于某件事的想法。

触发器和热按钮

我给热按钮下的定义是，能够让人失去控制并处于危险境地的局面。比如，我年轻的时候开车上路，如果有人在我前面加塞，我会非常气愤。这时，触发器关闭了，热按钮激发了愤怒的反应。假设你成长的环境让你觉得，打断别人说话是粗鲁的行为，想象你正在参加一场对你至关重要的谈判。当时的你越来越焦躁，因为有太多障碍挡着你的去路。你感到心中的焦虑正转变成愤怒，就在此时，你的对手却打断了你。被打断的局面就是触发器，它会激起热按钮式的反应。

有时，触发器会激发热按钮。我们来看一看触发器和热按钮的作用：你可以用触发器控制对手的热按钮。那么，你就知道如何从情绪上控制他们。艾伦用讨论拥有一匹赛马的高昂成本这一触发器，按下了泰伦斯想要成为成功男人的热按钮。

你可以通过解读身体语言来判断触发器产生的效果。你的谈判对手是不是拉了拉衣领？这样，你就知道触发器发挥了作用。了解谈判对手的想法、动机以及能按下热按钮的触发器，观察他的身体语言，你将获得宝贵的信息。在后面的谈判中，你就可以利用那个触发器，激起同样的反应。

谈判触发器

艾伦设局控制与泰伦斯的谈判局面，以确保他接受挑战，下决心买下赛马。还有其他的谈判触发器，如：恐惧、愤怒、渴望舒适、被人信任、自满，以及造成损失的威胁。根据不同类型的对手，还有不同的触发器。

一旦你掌握了对手的动机，你便知道该如何控制局面，使用什么样的触发器和热按钮。

假设你的对手特别在意舒适的感觉，正如我们在前面章节里讨论的那样，大脑边缘系统就会着力于保持舒适状态。用触发器让对手感到不舒服，刺激他找回舒适感。你可以根据自己的需要，控制用触发器让他处于非舒适状态的时间长短。然后再让他摆脱这种讨厌的感觉，进入更为舒适的状态，这将是他做出让步所获得的回报。还记得在第三章里面，我是如何讲述使用房间气温为人们营造不安的环境吗？

紧迫感的力量可以用作触发器。比如，诺曼和薇薇安，两人都对一栋房子感兴趣。他们展开激烈竞争。房产中介是他们两者的中间人。中介说："我需要你们今天下午5点前做出决定，因为另外一名客户也想买这栋房子。我不能透露他出多少钱，所以就请你们给个最佳报价吧。"在此，紧迫感便是触发器，但前提是，对方要相信这一紧迫性的存在。在使用触发器时要区别对待，特别是涉及紧迫感的时候。诺曼想："那好，就静观其变吧。我不能盲目行动，我不想改变初衷。"而薇薇安提高了价格，房主同意将房子卖给她。诺曼没有买到房子，便认识到，"下次如果这位房产中介说情况紧急（触发器）的时候，我还是相信为好"。

在错误的时间使用错误的触发器，你就会遭到惩罚。我们还是以诺曼和薇薇安两人为例，在当时的情况下，中介用紧迫感这一触发器引诱二人提高价格。触发器在薇薇安身上产生了作用，因此她提高了价格。诺曼认为中介只是虚张声势，不相信事情有这么急，所以没有采取任何行动。

在使用触发器时，一定要准确把握当时的状况。对如何在谈判期间的特定时间点使用触发器进行周密计划，才能达到最佳效果。

触发器和性格特征

不同的个性对触发器会有不同的反应。再看看薇薇安成功买下房产的例子。薇薇安是个协调者，她对紧迫感这个触发器反应强烈。协调者充满热情、富于创造力而又冷静，通常懂得变通。在任何环境下，紧迫感都可能打破人们所感受到的冷静与平和。薇薇安真心想要这套房子，当她发现房子有可能被别人买去时，出现了心理波动。她立即调整报价，因为一想到竞价失败，她就心神不宁。紧迫感这一触发器迫使她采取行动。

再来看看调查者对紧迫感会有什么反应吧。这种类型的人感情内敛，喜欢独处，冷静而严肃。诺曼就是个调查者。他需要确凿的信息——证明别人报价的真实性。房产中介使用同样的触发器——紧迫感——来对付他。诺曼想："这个中介想要控制我吗？我敢打赌，根本没有其他买家。走着瞧吧。"可见紧迫感对他毫无作用。所以一定要知道，触发器适合什么性格类型的人，还要把握使用时机。

热按钮可以打破协调者的冷静状态。面对你营造的紧迫感，这样的人会局促不安。她喜欢待在平和、静谧的环境中。假设你面前有一位协调者类型的人，你可以观察他的身体语言如何表现他的不安：两手相搓以安抚情绪，烦躁，或摆弄房间里的物品。通过这些举动，你就能看出他的舒适程度。你的作用是，先引导对手进入非舒适状态，然后再将他引回到舒适状态。如果你是房产中介，你就会说："如果你提出最优报价，你心里就踏实了，获得这栋房子的概率也就更大。"通过娴熟运用热按钮和触发器来影响对手，它们会指引你，让你准确知晓如何帮助他获得他想要的东西。

假如薇薇安是个引导者，你就要展示出自己的能量，因为那是引导者最喜欢的环境。她会基于你的能量大小来感知潜意识讯息。你可以说："如果你想要这栋房子的话，真应该提高报价。"而不是毫无底气地说："如果你真想要这栋房子，也许你需要考虑提高报价。"

我强调能量的大小就是在强调从你口中产生的触发器——你说话的节奏和力量，用它传递你所拥有的能量，与你谈话对象的性格类型紧密相连。不要用同样强度的能量去对付一位调查者。记住，调查者本身就是个封闭的灵魂，能量太强会吓到他。他可能会恐惧地退避，心想："此人究竟要干什么？为何要如此催我？"他的性格类型倾向于疑神疑鬼，因此，在这种情况下，你不可使用太强的能量。

性格类型的协同

二十多年来，巴里和凯特琳·桑普拉斯一直从同一家车行租用汽车。他们的做法是签订三年的租赁合同，在到期前将车归还。他们搬到另一个州后，租赁合同正好到期，就在新的城市找到一家车行，把租来的车还了，重新租一辆新车。签好所有文件后，凯特琳去提新车。她刚把车开出停车场，心里就开始犯愁了——这辆车缺少一样重要的安全性能，一项避免撞车的配置。“我确信巴里提过这一要求。”她想。回到家后，她打电话给车行，说她要换一辆有这种安全配置的车。车行经理博伊德·麦考密克说道：“恐怕换不了，我先确认一下。”他给凯特琳回电话说：“我刚问了财务部，他们说签了合同，就不能换车了。”

凯特琳是个调解者，社会关系广泛，什么问题都难不倒她。对这个否定答复，她绝不会接受。她打电话给财务部，财务部的人对凯特琳提出的问题一无所知。巴里也介入进来，他是个调查者——一个对总经理的可信度持谨慎态度的人。巴里打电话给这家汽车生产商的北美总部。陈述完他租赁该公司生产的汽车的悠久历史后，公司为所发生的事向他郑重道歉。紧接着，巴里又拨通博伊德的电话。这次，经理非常友好，称呼他为先生，但仍然坚持不换车。巴里分析了通话的内容，最后加了一句：“你得知道，我妻子在社交媒体上有很大影响力。”然后他稍事停顿。博伊德沉默了一会儿后说道：“桑普拉斯先生，我们给您换车。请告诉您的妻子，我们做了必要的努力，来满足您的要求，请她在社交媒体上分享。”夫妻俩如愿以偿，租到了心仪的车。

是什么因素导致了这样的结果呢？巴里的调查者个性使他做足了功课，并利用汽车公司的产销链和最高层取得了联系。他对经销商经理不换车的理由产生了怀疑。当他听到这位经理不打算按他的要求换车的时候，他发现博伊德之所以不愿意换车，是因为这并非一款通常用来出租的车型。博伊德说，他不想为这件事纠结。巴里断定，财务部那边的说法不过是一个杜撰的故事。对此，他并没有直接揭穿。

当巴里与博伊德通电话时，他表现出他是有备而来的，这使得博伊德心里一紧。巴里激活了博伊德的触发器，让他觉得：“哎哟，我被逮着了。”这也就按下了他身上无形的热按钮，惊呼：“我该如何从这样的窘境中全身而退呢？我得挽回面子啊。”然后，巴里继续施加压力，说道：“我妻子在社交媒体上非常活跃。”言下之意就是“如果你待我不公，这件事将尽人皆知”。

博伊德是个协调者。他条理清晰，动机明确，也很冷静。他想尽快解决问题，让巴里停止抱怨，达到息事宁人的目的。他意识到：“我的情况不妙。我怎样才能全身而退，并尽可能保全面子呢？”

注意，博伊德一开始对巴里是直呼其名，但后来变成了“先生”。这一转变说明，他对巴里的尊重程度大幅提升。情景的正式化是“尊重”的非言语体现。这和观察身体语言的变化有点类似。如果可以在一旁看博伊德通过电话与巴里交谈，你会发现他身体一定坐得更直了，神情也更专注了。协调者性格的人害怕事情在社交媒体上曝光后，闹得沸沸扬扬。

与博伊德直接对抗有什么价值吗？巴里完全可以说：“你撒谎，你根本没有问过财务部。”这样的指责一定会按下博伊德的热按钮，形成一个极不舒适的环境，直到博伊德同意为巴里和凯特琳换车。然而，博伊德同意为巴里换车，却不愿因为说谎而受到指责。巴里明白，他以后还需要博伊德，因为他是该镇唯一一家汽车经销商。

如果这次交涉是面对面交谈而不是在电话里进行，巴里就会稍作停顿，给他一点感到羞愧难当的时间，直到他做出让步。然后，巴里就会微微一笑，发出非言语信号，意思是说：“谢谢你能够更多地为我着想。”在博伊德更为冷静的时候，他表现出协调者的个性，他用自己的勤勉和创造力确定巴里想要什么样的车。他的动机促使他去解决问题，因为调查整个事件的过程，他们不得不忍受由此带来的煎熬，巴里完全可以凭借这种持续的非舒适状态，要求对方做出更多的让步，博伊德也完全可能接受这些要求。如果他拒绝，巴里可以再次启动这一循环，让他回到非舒适的状态。这么做，他们就会经历整个不愉快的过程，直到博伊德说："我满足你的所有条件，你不要再闹了，行不行？"

尽管博伊德满足了巴里的所有条件，但博伊德还是不会善罢甘休，仍然会因为答应换车而感到委屈。就换车一事达成协议的几天之后，巴里来到车行提取新车。博伊德对他说："如果你每个月多付十五美元，六年后就可以买下这辆车了。"博伊德的热按钮正试图避免与这辆车纠缠不清。他在尽其所能保护自己的立场。桑普拉斯夫妇也要维护自己的立场。巴里想试探博伊德的动机，说道："等一等，你这么说是在考虑谁的利益？我们的，还是你的？听起来好像你不愿意为我们换车。你所在意的就是把这辆车处理掉，你根本不关心我的期望。这就是我从这次磋商中获得的结果吗？你完全不对我的安全和我想要的东西感兴趣，难道这就是我所得到的吗？难道你们这家车行就是这样对待顾客的吗？"

注意巴里是如何使用触发器让博伊德感到不安的。巴里观察到了博伊德的身体语言，博伊德用一只手遮住眼睛，他的身体语言在说："我不想看到这样的局面。"然后他捂住耳朵，表明："我不想再听这些了。"他把头扭向一边，这是在说："我不想直接面对这样的事。"

如果你在电话里与你的谈判对手交谈，你可以通过声音察觉他的语调变化。你可以洞察到触发器是否成功激发了热按钮。想象你的谈判对手对自己说：“我又搞错了方向。看看怎样才能满足他所有要求，这样我就可以摆脱不舒适的局面了。”用刺探的技巧洞察触发器是否激活了热按钮并造成了对方不安。这样做，你就能从谈判中占尽先机。持续不断地施加压力，增强对手不安的程度。比如巴里抛出“我妻子在社交媒体上具有很大影响力”这一微妙的威胁后，稍微停顿了一下。他没有必要道出言下之意：“如果你愿意，你尽管用恶劣的方式对待我，但这件事必定会路人皆知。”2010年的 YouTube 视频“联合航空损坏吉他”显示出了社交媒体的强大力量，观看量超过 1550 万次，无疑令联合航空公司尴尬万分。

在你谈判之前，一定要知道如何运用触发器和热按钮。使用这些策略时，你要做足功课，了解对手的情况，这样你就能事先周密计划。预想你要做些什么，如何实施计划中的要素，如何在道路上设置潜在的障碍。在接近谈判桌之前，绝对要想好如何运用触发器和热按钮。

确定谈判对手的性格类型

在本章前面，我将人分成了四种性格类型。当你和对手谈判的时候，你该如何确定对手的性格类型呢？感觉、当时的情况和舒适程度的差异，都会导致人们在各种性格类型之间来回转换。协调者可以变成调查者，调查者也可以变成引导者，而引导者又可以变成调解者。你要做的一件事就是用刺探的方法去了解对方，在什么时间点上，什么性格特征居于主导地位。用触发器激发出一种不同的性格类型。

假设你在谈判开始的时候，用愉快的口吻说："这将是一次非凡的经历，你说是这样吗？"协调者冷静、热情、灵活，富有创造力。他喜欢逗趣，这样做他会和你一拍即合。

假设你对一个你认为是调查者的人用同样的口吻说同样的话，但他其实是一种性格内敛，喜欢独处的人。他可能会想："他这么开心、激动，葫芦里到底卖的是什么药？我需要弄清楚他有何居心，想要做什么。"如果调查者说话时双手交叉，摆出自我保护的姿态，请注意观察他的身体语言。"当然，这会是件开心的事。"记住，一个人的身体永远不会撒谎。注意交叉的双手和防卫的姿态。

引导者对这样的互动就显得更加投入、大方。你可以让他感到舒适惬意，强调你们之间讨论话题的社会性因素，谈判结束后，作为回报，给予他一些扩大关系网的机会。

对于调解者，要观察他解决问题的技巧。这样的人有解决问题的爱好，而且为人正直。如果你在谈判时不小心说错了什么，调解者会纠正你，即使这么做会损害他的立场。

身体语言激发触发器

在谈判时，你该如何利用你说话的语气和节奏强化你的主张，从而达到预期的效果呢？假如我走进一家商店，想要低价买一件东西。我对这名叫达米安的店员说："我想买这件东西。"达米安说："没问题，先生。"然后我说："以优惠价卖给我可以吗？"达米安回答："先生，这已经是最低价了。"我靠近他一点说道："不错，但是你有权以更优惠的价格卖给我，不是吗？"

我用的身体语言是点了点头，做出肯定的姿态，引导对方跟随我的举动。我变换语气，降低音调，并使用隐含的触发器："你很重要。"那是我的言下之意。达米安说："不，先生，实际上我不能以那样的价格卖给您。""好吧。"我一边说，一边向前一步。我再一次用自信的语气，身体向他微倾，问道："那么，你为何不能呢？"达米安回应说："先生，公司不允许我这么做。"

当你想为自己寻求某种利益时，这里有一个可利用的谈判技巧。如果有人说，他不能为你做这件事，你则要强调总有人能做这件事。因此，我用同样的语气说：“谁能呢？”达米安说：“如果有谁能的话，这个人就是经理了。”我说：“我可以和你们经理谈谈吗？”我说话的语气提高了话语的权威性。我的语调表明，我是个不容被随便糊弄的人，不会说出“哦，那好，我可以和你们经理谈谈吗”这种软绵绵的话。我知道他会去找他们经理。

达米安走到商店的后面，对他的经理诺埃尔说：“前台有个人，他想要以优惠价买这东西，我对他说不行。”诺埃尔回答：“那你为何来找我呢？”达米安承认：“我跟他说，你才能做主。”诺埃尔眼珠一转，叹了口气，走到商店前台。他以轻蔑的口吻说：“先生，这已经是我们的最低价了。”我答道：“你是想告诉我，你没有权力满足一名顾客的要求？”此时，我的语气和他毫无二致。这就激发了触发器：“他和我一样。”人们一般都喜欢和自己类似的人。和他的语调保持一致，我就启动了可能连他自己都没有意识到的触发器，传达的意思是：“原来，此人与我是一路人。”

当他说已是最低价的时候，我还使用了另一个技巧。我使用了激将法，那是我在他身上启动的触发器。此时，他正站在自己的员工面前，被达米安注视着。我注意到，达米安正侧眼斜视着诺埃尔，这个细节是说：“你真的没这权力吗？”

注意，我使用的触发器是“你没权力吗？”，这一触发器在诺埃尔身上按下了热按钮，似乎在说：“等等，我得在我的员工面前显得更善于与顾客打交道一些。”经理屈服了，说道：“我当然能以优惠价卖给您，希望您以后能多多光顾我们店。”通过这种方式，你就可以用语气和节奏强化你要传递的信息。

四种性格类型对说话的语气和节奏有着不同的反应。例如，协调者是这样一种人，他条理清晰、动机明确、有热情和创造力、冷静而灵活，而且喜欢逗趣。对协调者类型的人，开始谈判时你可以说：“我们的磋商一定很有意思。达成协议后，我们一定能享受许多乐趣，这会使我们终生难忘。我还想说，因为我们方法得当，谈判取得了显著成果，这必将提升彼此的创造力。在这件事情上，如果我们灵活处理，我敢肯定，只要你我共同努力，一定能够圆满解决。”

我刚才分享了什么信息呢？我使用的一些词与对方的性格特点产生了共鸣，强化了我与他具有共同思维方式的事实。记住，前面我曾提到：人们都喜欢和自己类似的人。同时，我还用不带任何威胁的口吻向对方保证，事情一定会得到圆满解决，因为我们都懂得灵活处理。出现任何变故，我们都能应对自如。

你能想象我说这些话的语气吗？如果你认为我的语气“积极乐观”，

那你就对了。当我谈及谈判的趣味性时，我用了轻松、友好和热情的语气。我没有传递“谈判将是严肃、苛刻或令人沮丧”的信息。协调者需要祥和的氛围。如果你很激动，就会导致他也很激动，你就会将他置于不安的境地。要注意保持趣味性和激烈性的平衡。

别忘了自己的触发器和热按钮

到目前为止，我分享了你要如何使用谈判对手的热按钮和触发器。但不要忘记，精明的对手也在观察你的反应。什么是你的触发器和热按钮呢？当你的谈判对手正在仔细琢磨你身上的触发器和热按钮，并力图以此控制谈判局面的时候，你该怎么办呢？

认识自己的触发器和热按钮。例如：

· 你总是认为你应该得到最好的结果吗？（有些人对钱过于在意，他们会开 20 分钟的车去把刚买的电池退掉，只是因为另一家店便宜 2 美分。你见过这样的人吗？）

· 你认为每一场谈判都必须明确分出输赢吗？

· 当别人根据你的眼神对你做出某种判断的时候，你会不会纠正他们的错误？

· 对手的轻蔑与傲慢会成为你反击的热按钮吗？

· 你被打断的时候会很生气吗？

· 如果你觉得你在浪费时间会很恼怒吗？

·电话谈判还没开始，你就拿着听筒等了好几分钟，这会让你很恼火吗？

在本章的前面我介绍过，其他司机在我前面加塞会激活我的热按钮，使我恼怒不堪。认识到在这种情况下我会如此反应，我就会注意不让这一触发器引爆这种反应。我必须意识到这一点，并改变自己的行为。

如果你知道谈判对手会使用你身上的热按钮和触发器来对付你时，你就会强化你的防范意识，一旦发生这样的情况，你就知道该如何应对。你要反其道而行之，做出谈判对手意想不到的反应。这样，你就能摆脱他的控制，打乱他的谈判计划。调查者会质疑，你为何会有出乎意料的反应。“他到底想干什么？”他心里琢磨。调解者会进入解决问题的模式，而引导者会因为你的反应感到不安，并努力获得舒适感。灵活的协调者可能最能够成功地应对你的异常反应。

谈判对手对你使用触发器的时候，会做出意想不到的反应只是其中一种反制手段。与此同时，就在他处于混乱状态，还没弄明白你为何做出出乎意料的反应时，你可以用触发器对付他。直接面对碰到的问题：“为什么你认为我会有那样的反应？”用盛气凌人的方式说出，迫使他原形毕露。

当他回应："哦，我只是说说而已，没什么特别的意思。"你回答："你有，你肯定有。"你的语气可以略带柔和的敌意，表现出调查者的性格特征。那接下来，他可能会做什么呢？

· 当你反映强烈的时候他会退缩吗？

· 他会被迫改变自己的节奏吗？

· 他会做出更多让步吗？

· 他的身体语言如何变化？

观察对手的身体语言、语气和节奏，判断你的行为能在多大程度上帮助你达到谈判目标。更为重要的是，要控制他对你使用触发器和热按钮，瓦解他刺激你做出某种反应的图谋。有时，强大的防御能够削弱强大的攻势。

现在请注意。前面我说过，你要随时知道什么是触发器和热按钮。要意识到，很多谈判人员都会使用题外话。谈判中会出现一些貌似有价值的话题，那都是为了达成其他成果，你可以置之不理。题外话虽对你没有什么价值，但对谈判对手有着很大的感知价值。使用这些题外话，在谈判对手身上激发"我需要"的动机，这仅仅是个触发器，用来造成对手一想到要压制心中的欲望就垂涎三尺。提防对手向你抛售题外话，不要被他们绕进去。

综述

深刻领会谈判的优先问题。你想从中获得什么结果？你需要使用什么样的触发器实现你的目标？你预测你和谈判对手会使用什么样的身体语言？

想想看最好和最糟的场景。将这些结果牢记在心，在谈判的任何阶段，你都能根据实际看到的身体语言信号弄清楚自己所处的位置。观察触发器给对手造成的反应——它们促进还是阻碍了谈判？对它们巧加利用，使自己获益更多。如果没有作用，则要将它们暂时放在一边。

时刻牢记，什么触发器可能对自己有用。哪些是热按钮和触发器，它们为什么会产生效果？如果热按钮没有效果，你还有没有别的选择？不同性格类型对同一触发器可能做出怎样的反应？你要如何妨碍对手在你身上使用触发器？根据对手在谈判中使用的触发器，制定应对方案。观察触发器对身体语言造成的影响。实际上，你可以对自己使用的触发器和启动的热按钮所引发的行为进行仔细辨认，洞察微妙差别。有了这些知识，你就更有可能促进谈判的进程，也更有可能在谈判中占据上风。

第七章

性格类型：欣赏相似性原则

刚见面时两人聊起了家常，托比娴熟地询问克拉丽的教育背景和工作经验。每次谈判开始托比都会寻找双方的共同点。“我也读的那所学校！”“怎么这么巧，我也住在那所小区！”“什么？您也是芝加哥小熊棒球队的粉丝！”其实在面试前，托比已经在社交媒体上搜索过克拉丽丝的信息，所以她说的每一个细节托比早就知道了。当克拉丽丝激动地向托比靠近时，他也积极地凑过来，认真地模仿她的身体语言。只聊了 10 分钟，克拉丽丝就感叹道：“真不敢相信，我们竟然有这么多共同点！”托比忍不住偷笑起来。

什么是性格类型?

性格类型大致可分为四种：强硬型、平和型、封闭型、开放型。参见图 2。当涉及谈判和解读身体语言时，仔细想想这四种不同的类型。强硬型是平和型的对立面。如果说强硬型是北极，那么平和型就是南极了，而封闭性和开放型则处在地球东西两个轴心。

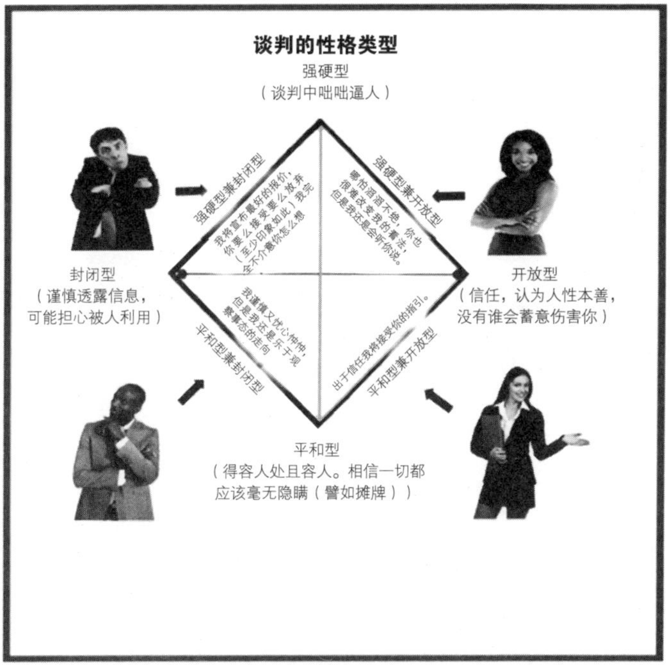

图 2

性格类型概览

强硬型的人通常爱说：“这就是最好的报价了，要不要随你。”这种人对对手的需求和立场漠不关心，他们企图主导谈判，可能会让谈判充满火药味。他们有强烈的获胜欲，有时不惜一切代价。

而随和型的人则想要营造你好、我好、大家好的氛围，他们心态乐观，觉得说话不应该遮遮掩掩，愿意打开天窗说亮话。他们希望达成双方都感到满意的结果，而强硬型的人则通常占随和型的人的便宜。

封闭型的人对信息共享这件事非常谨慎，常常妄想自己被他人利用，需要时刻确认自己的利益没有受损。他们需要有人耐心地说服他们打开心扉。如果你让他们感觉到自己被利用了，他们很快就会退回自己的世界里去。这更确认了他们对外界的不信任感。

开放型的人天生容易相信他人，且毫无保留，他的行为传递出这样的态度："我不封闭，我不是特别随和，但也不是特别强硬，我愿意对即将发生的事情一探究竟。"这种性格的人本能地对他人怀有好感，除非事出有因，否则他们不会把别人往坏处想。你可以获得他们的信任，但是一旦你让他们发现自己应该有所保留或应该保护自己时，他们就会走向开放的对立面——封闭。

物以类聚，人以群分

"物以类聚，人以群分"，这句话在谈判性情景下，意味着人际交往中彼此相似的人更容易相处。从谈判的角度来说，你会发现志同道合的人更容易建立亲密关系。你总是容易对那些想法、行为和自己相似的人更有认同感，你也可以通过对手认清自己。

两个随和型的人可能会觉得他们的交流也变得顺畅，而两个强硬型的人一起共事，则很容易发生冲突或陷入僵局。因此你如果想利用有效的策略达成一致，其中一人必须要转换自己的性格类型。这就是为什么理解谈判对手的性格类型和别人眼中你是什么性格类型非常重要。从某种程度上来说，让人们感到你和他们相像对你是非常有利的，你在谈判中可以以此为优势。

本章的开头，你读到托比是如何通过搜索克拉丽丝的资料来找到两人之间的共同点的。托比有意地利用相似性原则在谈判中获取了克拉丽丝的信任，她和托比有太多共同点，所以很容易被引导。很多人忽视了建立相似度的重要性。然而你的对手会做出通常情况下不可能的让步，仅仅可能因为双方的相似点。人际交往时，你应该了解到和他人的相似性，注意利用这一点。另外，在谈判中当你发现对手的相似点时，还需警惕你可能会下意识地做出让步。

在美国，当受害者因受伤或受虐而索要赔偿时，如果他要求陪审员判定，那这时相似性原则在决策阶段就派上了用场。而审讯则像和律师之间的讨价还价，需要找到自己的定位，用策略使他人信服，让他人按自己的意愿行事。律师利用策略改变陪审员的观点，而陪审员觉得原告像极自己时才可能会判罚被告。例如，某个房子的主人正在砍树，由于失误，树倒下的方向不对，砸伤了邻居昆顿，致使他瘫痪。假设是你出庭审案，昆顿出庭作证。他说："我只是在那闲坐，正喝着啤酒，突然一棵大树向我砸来，压在我身上，导致我从此瘫痪。"

由于陪审员一般不这么说，所以原告这样说等于把自己和他们分隔开了。假设昆顿说："我和妻子正坐在前院看日落。我女儿刚刚喊我过去辅导她做家庭作业。"昆顿描绘了一幅其乐融融的家庭画面。此外，他证实："接下来，一棵大树突然砸到院子里。幸运的是，我及时把妻子推开了，她没有砸伤，可是砸到了我，使我变成现在这个样子。"昆顿展现了他的价值，他是一个爱家而又富有牺牲精神的好人。陪审员会想："如果是我，我也会这么做。"一旦陪审团的人这么想，相似性的看法就形成了。昆顿建立了与陪审团之间的共同点，与我描述的第一种说法相比，他很有可能会得到更高的赔偿。

建立相似性

比如，你是位演讲家，试图到某公司应聘，寻求员工培训的机会。你会使用各种搜索工具，查找该公司资料和人事部门主管的信息。

此时你应该考虑的是这个主管过去录用演讲家的过程，这可以让你洞悉雇用的过程。比如，你可能发现人事主管喜欢录用演讲过程中穿插讲故事的人，要易于相处，且早到晚走。

现在你了解了人事主管想雇什么样的人，然后找出领导和公司看重的价值。当你和人事主管说话时，要尽量使用他使用的词汇，按照他的思路，体现出他所看重的价值。

你可能会想，我去哪才能搜到这些信息呢？上网查，比如 YouTube，LinkedIn 和 Facebook 都可以看到相关个人的背景信息。如果你上领英搜索，就可以查到他就读的学校、任现职的工作年限以及他上一个岗位的相关信息等。

通过这些事实试图建立融洽关系，当你应聘时，观察他的反应。尽量和他的语速同步，使用和他相似的话语，这样就传递出一种潜意识信息："我和你很像。"人事主管可能就会想："他太像我了，说话方式和声音都像。"这样你就按照人事主管的个性类型建立了融洽关系，了解他参加过的活动，营造出一种相似的形象，你就是在潜移默化地影响他。弄清他的个性类型，并且复制他的个性类型，你就增加了自己和他之间的相似因子，这样就可以快速地建立起融洽友好的关系。

融洽的关系会转化为更简单方便的沟通。

身体语言透露性格类型

身体语言会透露对方的性格类型。假设你的对手文森特·德辛作风强硬，而你满脸笑容，主动示好。并且你之前上网查过，他曾经就读于宾州州立大学。于是，你对文森特说："您毕业于宾州州立，我也是那毕业的！"然后你瞟了他一眼，发现他面无表情。他没有做出任何回应。你便安慰自己："按理说我应该会得到他的反馈，也许，他只是不喜欢宾州州立大学。"

基于你的调查，你对文森特的交流方式早已有所了解，因此你可以继续深入："我了解到您在宾州州立大学学的是金融。"这次你调整了自己的姿势，你没有靠太近，也没有退太远。文森特还是没有反应，你慢慢背靠椅背，说："我猜您到宾州州立读书和我当时想的一样。"文森特说："你是怎么想的？"当你慢慢退回去时，你会发现文森特显然不喜欢你离他太近。文森特到这里可不是来交朋友的，他一心想谈事。因此你可以降低语调："那我们言归正传吧。"你可以轻轻地把手放在桌子上说："咱们开始吧。"对手对你身体语言的反应也会让你读懂一些信息。

同样，对吉里贾·奈尔这样随和型的谈判者，你也可以使用同样的策略。

当你说："哦，您就读于宾州州立大学啊，我也是从那儿毕业的！"如果吉里贾朝你凑了过来，而且对你报以灿烂的笑容，那这里面包含两个信号：其一，吉里贾表露出，我确认并且赞赏我们俩之间的相似经历。其二，你凑过来，微笑着，她也凑过来，微笑着，意味着你在影响她。由此可以看出吉里贾是个随和型的谈判者。

即使你错误地解读了随和型信号，你最多也就会觉得吉里贾是一个开放型的人。她可能会说："我对他人是非常信任的，现在你仅仅凭借你我之间的仅有的联系，就想建立更多的信任？"

在这章开始的例子里，我跟大家分享了托比模仿克拉丽丝的身体语言导致的结果。当克拉丽丝身体前倾，他也前倾。模仿身体语言有助于建立融洽的关系。以随和型谈判者为例，你身体前倾，他也会前倾；你微笑，他也会微笑。你因此建立了默契，引导了别人。这就是建立默契的内在价值，意味着人们总是喜欢和自己相似的人。

认清谈判者的性格类型

作为原告诉讼代理律师，斯科特·谢尔曼先生整天忙个不停，他相信自己已跻身于行业顶端。他的团队接的都是大案子，收入丰厚。斯科特感觉到业务需要额外的咨询服务，便邀请了知名顾问弗朗辛·法利来办公室与他及助理海伦会面。他对弗朗辛说：“请带一个非常典型的案例过来。”

斯科特坐在会议室的前方，身体靠在椅背上。斯科特约六英尺高，身材修长。弗朗辛坐在他的左侧，斯科特的律师助理海伦坐在弗朗辛的对面。律师助理海伦翻看弗朗辛的案例时，身体向前倾。斯科特只扫了一眼报告，就注意到了一些自己不喜欢的内容，“这简直太幼稚了，你瞧这些插图！”弗朗辛身体后移，心想：“为什么他要这样侮辱我？”

然后斯科特语带嘲讽地望着弗朗辛，说：“你打算开价多少？好多人都想挣我的钱。我原来请过一个和你差不多的顾问，但对她的服务不太满意。本打算起诉，结果发现她的名下没有任何财产。”

当斯科特因电话起身走开，他的助理海伦对弗朗辛说：“我很喜欢你的报告。我觉得你的工作很出色。”当斯科特回到房间后，他们最终敲定弗朗辛回头会再联系他，然后给他出个方案。

弗朗辛开车走了，她今天有些头疼，所以开车有些困难。她想：“对今天发生的事，我的身体似乎在暗示着什么。”确定需要了解更多关于斯科特的信息以后，她打电话给某位认识斯科特的同事。聊完之后，她发现斯科特疑似有不良习惯，而且脾气古怪，时好时坏，他还曾有过不良欠款的记录。这些信息更加坚定了弗朗辛的想法，她不需要这样的客户。然后她给斯科特写了封信，解释说因为太忙而无法参与。自此之后，她就尽量避开与斯科特碰面的机会。

这里发生了什么?

斯科特其实并不打算和弗朗辛建立密切关系，他自认为是一位强硬的谈判者。他向后靠的身体还有尖锐且充满敌意的话语，都证实了这一点。他营造出的形象，令弗朗辛避之唯恐不及。而弗朗辛是个开放型的谈判者，一旦受到攻击就会退缩回封闭型。

在会上，海伦则展现出了开放型的身体语言，她声音柔和，语带安慰和歉意，她张开双臂欢迎弗朗辛的到来。对于弗朗辛来说，助理发挥了作用：等到斯科特走出会议室，她表达了自己对报告的看法。尽管她并没有说任何对老板不敬的话，但是她的行为和语言表示她和他观点不同。

其实与其退回封闭型，弗朗辛倒不如模仿斯科特的语调和身体语言，反抗他对自己工作的攻击："你凭什么说它幼稚？"很显然斯科特觉得自己控制着局面。

在这种情况下，弗朗辛就敢于挺身而出，说出自己真实的感受："瞧你的身体语言，瞧你那咄咄逼人的语气，瞧你的用词、你的姿势，还有指指点点的手指，无不让我感受到了阵阵敌意。"诚实必有回报。如果斯科特听后很生气，那弗朗辛可以说声“谢谢”，然后起身，离开办公室。弗朗辛也可以这么说：“从来没有人这么对我说话，我没有求着你跟你合作，也不指望你的大买卖。祝好！”如果换种可能，弗朗辛委曲求全忍受了斯科特挑衅，那她可能还会面临接连不断的挑衅。记住，你会一直进行谈判，你今天的所作所为会影响到明天的谈判。

当你试图建立友好关系却并不奏效时，首先考虑你的对手是不是一个怀有敌意的强硬型谈判者。也许你需要退避一下，采取不同的方法。但是切记不要为了建立关系而采取过度或任何不诚实的做法。例如，露西对佩妮说：“哇，您就读于堪萨斯州立大学，我也是！我主修贸易。”此时露西对自己的教育背景撒了谎，试图和佩妮套近乎。佩妮回应道：“我也是贸易专业。你最喜欢的教授是谁？”当露西一个老师的名字也说不上来时，佩妮意识到她在说谎。露西这样反而害了自己，被人认为是个谎话连篇的骗子。这会让封闭型性格的人确信露西只是想骗自己而已。佩妮可能会对自己说：“现在我还是小心为妙，因为我已经看出露西不值得信赖。她说谎，试图操纵我去实现她的谈判意图。”

你要时刻谨记自己想与他人建立何种程度的融洽关系。在今天这个信息高速发展的时代，信息的真假变得越来越容易查证，人们日益重视诚信，因此，要意识到诚实守信的重要性。否则，你将冒着谎言被戳穿、毁掉谈判和丧失声誉的风险。

同时还要意识到，你的对手可能会发现你在故意寻找共同点以创造融洽关系。例如，纽约人路易丝·丹顿买了另一个州的房子，当她进入一家家具店时，推销员托尼·弗朗西斯科惊呼道：“我也来自纽约。”当路易丝对照着购物清单，在店里徘徊时，托尼紧紧跟在她身后。三个小时内，他五次指出他们都是纽约人，甚至说：“我们纽约人需要团结一心。”路易丝注意到他故意加重了纽约口音。托尼知道一旦路易丝下定决心，这笔买卖肯定就成了，他也不用再提来自纽约的事了。

像托尼这样建立融洽关系的潜在不利之处，是冒着被当作骗子的风险。托尼采取的策略很明显，假设路易丝和托尼讨论了家具的交付时间之后，托尼不再表现得那么友好、随和，那么就极有可能会激怒露易丝，导致她退出交易。当你强调和他人的共同点时，要确保你是真心实意的。如果露易丝无意中听到托尼对进入商店的下一个客户说：“哦，我也来自蒙大拿州。”那她会有什么感觉？因此要表现得真诚，而不是迎合你的对手，否则他会觉得对你很失望。

建立融洽关系：哪种性格类型会回应？

建立融洽关系并不一定总是明智之举。如果强硬型的人发现你正在努力与他建立融洽关系，那他可能会疑心重重，他可能会觉得你妄图用虚情假意来操纵他。“四海之内皆兄弟”对他而言并不适用。这不是他的风范，他也根本不需要。性格强硬的人会把友好看作是一种缺陷。他可能因此认为你的能力较差。记住，他的性格类型就是那种会对你说：“我给你的已经是最好的报价，我完全不在乎你，所以你不必百般讨好我。”即使这可能导致谈判陷入困境，可强硬型的人觉得自己一旦出价，就绝不会轻易改变。

如果对方是这样的性格，就不要尝试建立融洽关系。对付这种人，你只能说：“如果你顽固不化，没有问题。亮出你的底牌，我也可以跟你一样强硬。顺便提一下，如果你不在乎谈判就此陷入僵局，那我更加不在乎。”

注意要在何时以何种方式建立融洽关系，考虑如何去做以及是否有好处。封闭型的人需要通过温和的方式来建立融洽关系，所以你要使用平和、舒缓的语气和手势，不要做出夸张的手势。如果你不想做出任何可能会刺激他的事情，或者导致封闭型性格的人以为你想伤害他的话。

对于随和型的人来说，你与他的关系越融洽，他就越欣赏你。他希望你和他一模一样。确保谈判能让每个人都从中获利，随和型的人希望每个人都快乐，想要和他搞好关系，你可以告诉他你可以与他一同实现这个目标。

与开放型的人谈判，你可以说："我知道你是一个值得信赖的人，我也是。我们可以和睦相处。如果不巧遇到麻烦，我们也可以解决，因为你我志趣相投，我们团结一心。"

这些做法非常有助于和封闭型、随和型和开放型的人建立和睦关系。但与强硬型的人共事，你必须非常谨慎，当你试图建立融洽关系时也要有度，因为他们不喜欢情感外露的夸张的表达。比如他跟你握手时，可能会环顾左右，或者压根就不看你，让你觉得自己根本不重要。这时候你只能以强硬的身体语言应对他的身体语言。

还有一种建立融洽关系的方法是询问对手的想法，询问他处理某种状况的意见。他会告诉你他的判断，然后，你可以告诉他他的想法在多大程度上正是你想说的或你想做的。"这的确是一个好主意。不过，如果我们如何……"然后你可以复述他说过的话。这是一个谈判策略，因为他怎么可能不同意你复述他自己的观点呢？这是你可以根据性格类型建立融洽关系的另一种方法。

调整性格类型

优秀的谈判者在谈判过程中，基于对手的性格不同，他可能需要展现全部的性格类型。在交谈的过程中性格类型可能随时需要调整，如果你之前了解到对手是个随和型的人，但实际谈判的时候发现他态度强硬，这时，你就需要也调整为强硬型性格模式。

你需要从自己最舒服自在的性格类型切换到完全不同的性格类型，一个具有随和型性格的人有时候也需要扮演强硬型的角色，即便这可能令你感到非常不适。

根据他人的性格展现不同的性格类型，会成为你的战略优势。当你展现了某种个体性格类型时，对方会觉得你更像自己。随着谈判的进展，你可以调整，思考人们的不同个性类型。

假设你和一个开放型的人待在同一间屋子里谈判。开始时他身体凑过来，亲切地对你微笑，然后又突然撤回去，尽力保持和你的距离。这些信号表明他的态度已经由开放型变成了强硬型或是封闭型，这时你应该反思是什么导致了他的转变。

封闭型的保罗正在和伊冯说话。伊冯说话时，保罗身体后靠，眉头紧锁。

伊冯疑惑地看着他问:“刚刚发生了什么？”保罗回答说:“这是什么意思？”保罗这么问想知道伊冯察觉到了什么信息，想做什么？这个自我防卫意识很强的人正慢慢地缩回自己的保护壳里。

伊冯回答说：“我只是观察到您似乎向后退了。”她提示他，说明她可以读懂他的身体语言：“我只是注意到刚才您向后靠了，或者说您看起来向后靠了。”保罗解释说：“我只是不确定刚才你要求我做出的让步，我可以在多大程度上做到。我不知道这会把我们的谈判带到哪里去？”伊冯问：“那您能告诉我您能同意到什么程度吗？我们需要共进退。”保罗想要找到安全感，确保伊冯不会利用自己。伊冯让他主导，这样他就感到很自在。

让我们对比一下，如果同样的例子发生在强硬型谈判者身上可能会产生的反应。

强硬型的安德莉亚正在与泰德谈判。她认为:“我绝对不可能做出这样的让步，这家伙也知道我毫不在乎。”安德莉亚身体向后靠，不停地按着她的笔。她用这种姿态对泰德说：“让我们赶紧了结此事吧，我不想再纠缠这个问题了。”

泰德可以像伊冯问封闭型的保罗一样对强硬型的安德莉亚说："刚才发生了什么？"安德莉亚回答说："你知道我已经烦了，我提议谈点别的。这就是我的报价。"泰德已经领略到了她的身体语言的意思。他完全明白谈判对手为什么会做出这样的身体语言。

泰德决定向安德莉亚摊牌："我告诉你吧，我想我们不会达成协议。"泰德起身准备离开房间。看着泰德站在面前，安德莉亚想："我比泰德更需要这笔交易，我原以为他会是一个随和型的人。"

"等一下，泰德！回来，请坐下。"泰德笑了，因为他意识到自己身体语言的变化使安德莉亚从强硬型转变成封闭型或开放型的性格。泰德开始要求对方妥协，并提出了报价。

强硬型冲突危险

我们来感受一下某位证人经历过的火药味十足的庭审过程。

原告律师理查德和辩护律师凯文互相厌恶。空气中弥漫着紧张的气氛，他们想抓住一切机会攻击对方。庭审结束后，凯文走进理查德律师事务所的等候室，说："我就打算待在你们律所不走了。你有本事赶我走啊。来啊，把我赶出去啊。”当凯文逼近时，理查德望着他，不知所措。

理查德需要了解怎么处理这种状况，还有凯文为什么会采取这种立场。理查德可以这么问：“我做错了什么，哪里对不住你了吗？麻烦再多给点提示，你为什么要这样对我？”理查德心想：“我不喜欢这家伙，他简直就是顽固不化。”等候室发生的这一幕让客户和接待员看见了，影响会十分恶劣。只见凯文走向理查德，对准理查德的胸口打了一拳。

是什么导致了冲突？换了你会怎么处理？首先，你需要了解他人的心态，然后才能提供解决方案。下面让我们分析一下凯文为什么会这么做。假使那天凯文穿了一身黄色套装，理查德因此说了些不当的话冒犯了他，如果属实，双方算是就此结下了梁子。后来理查德注意到凯文有点激动，他就把房间里的散热器关了。凯文注意到理查德的举动，这是凯文产生敌意的第二个原因。

第三个原因是，理查德的证人在法庭作证表现非常出色，她没有屈从于凯文的压力。先是感到受辱，再加上不适的环境，以及证人的证词带来的挫败感，这三种因素综合在一起使凯文做出了过激的举动。他想要双方扯平，这是强硬型的典型做法。

作为谈判者，你需要了解对手采取这种做法的原因。你越早解决这个问题，就越有可能降低潜在的风险。如果你不想用错误的方式谈判，你就得熟练快速地分析，从而找到解决问题的正确方案。

在这种情况下，理查德可能会心想："你硬？我也硬！那咱们就硬碰硬。"他抓起等候室的电话，打 911 报了警："您好，有人非要赖在我的律师事务所，我能不能请求警官过来把他带走？"凯文听后按下电梯按钮自己走了。

如何回应凯文的行为，理查德有几种选择。他可以离开会客室，回到自己的办公室，但有种风险是凯文可能会跟着进他的办公室。理查德可以示意凯文给他指指电梯，但凯文很有可能会伺机打他。理查德其实本可以尝试平息凯文的怒火，如果凯文的愤怒还没到无法克制或是无法重回谈判的程度。可恰恰与此相反，理查德却用电话报警的方式强制凯文离开。看到电梯门关上的一刻，理查德可能还在心想："希望再也不要遇见你。"

永远不要忘记你今天的行为会影响到明天的谈判，就像凯文被迫让步一样。随着诉讼进一步发展，理查德怀疑凯文会伺机报复自己。如果想让凯文冷静下来，理查德并不一定要采用简单粗暴的做法。鉴于两人目前的业务联系，理查德的做法是有损长远发展的。他认为赢得了这场战役，但其实是输掉了整场战争。所以处理各种状况时务必时刻谨慎，凡事留一线，日后好相见。

如果理查德能够平息凯文的怒火，这件事本不会发生。你总是在谈判，你今天所做的一切会影响到明天的结果。

寻求共同点

精明的谈判者善于观察对手的身体语言，以寻求共同点。例如，你身体可以前倾靠近费莉西蒂，她也靠近你说："你和我很像。"假设，你们面对面坐在一起交流，你把左腿架在右腿上，费莉西蒂也跟着这么做，你站起来，她也站起来。这就意味着你处于主导。它形成了一种相似感："我的对手像我一样。"

挖掘你的潜能，用身体语言来引导你的对手。要想用身体语言和口头信号下意识地建立融洽关系，请严格遵循我的建议，从这样做起：别人跷起右腿而坐，你也跷起右腿而坐，别人调整坐姿，你也跟着调整坐姿。

看上去到目前为止，似乎你是在被对手引导。可突然，你揉揉眼睛（确保你揉眼睛的姿势不会被误解为不相信自己所看到的东西），谈判对手也会揉揉她的眼睛。

也许我建议你揉眼睛可能稍微有点夸张，你可以尝试释放微妙的信号。例如，你降低语速，她可能也随之降低语速。在那一刻，你就是在主导她了。

你们正在通过非语言的身体语言姿势模仿而建立无形的融洽关系，你模仿了她，现在她又模仿了你。

关键是到底谁在主导。你认为你在引导她，但是费莉西蒂只是发出了你传给她的信号，使你误认为你在引导她。可是当你进一步谈，注意到主导地位发生了转变。当你把跷起来的二郎腿放下来时，费莉西蒂仍然交叉着双腿。此时你就要观察它发生的确切时间和当时讨论的内容，这个信号可能表明她不太愿意接受你的引导。

假设费莉西蒂在几分钟后把腿放了下来，你可以试着再跷起腿，看她怎么做。若她没有跟随，则表明你无法引领她。你可以用身体语言发出各种微妙的信号，用以确定你对谈判对手的引导程度。这样你也可以更好地了解是谁在真正掌控谈判。

引入共同点

在本章前面我提到，托比和克拉丽丝刚开始交谈时像闲聊。托比问了克拉丽丝的教育背景和工作经验，他专注于他们之间的共同点。

要记住，引入共同点的时机取决于谈判者的性格类型。如果是随和型、开放型和封闭型的谈判者，则宜早不宜迟，尽快让他觉得，“对手很像我，我喜欢这个人”。这样就能强化相似性原则的作用。

还要谨慎对待那种强硬型的谈判者。和这种类型的人沟通时，要使用更深沉、更强有力的语气。深沉的声调代表，“我才是权威”。你说话的语调决定了你是传达还是放弃了权威。如果你在句末提高音调，可能会让人觉得你有些犹豫或是胆怯。

如果你试图快速建立融洽关系，那么强硬型的人可能会认为你是个特别容易控制的人。因此务必根据谈判对手的性格类型，把握好建立融洽关系的时机。

谨慎是引入共同点的前提

如果谈判对手曾有过一段尴尬往事，而你碰巧也有类似的遭遇，这时在谈判伊始你就需要隐藏共同点，而不是亮出共同点。千万不要利用这类尴尬境遇跟对方套近乎，不要试图提起这些不愉快的经历来唤起糟糕的回忆。在商业环境下，永远不要尝试通过不愉快的经历和人套近乎。

综述

识别谈判对手的性格类型,可以凭借你的各种身体语言和战术策略:如,身体是前倾还是后靠,双腿是交叉还是平放,表情是面带微笑还是不苟言笑。

你还会知道他人能在多大程度上跟随你。了解别人为什么会采取这种方式,这样你可以洞察他们的思维过程。

互动过程中要时刻注意观察谈判对手的变化,注意在何时某个触发器导致对方调整了性格类型。你的对手是变得更开放还是更封闭了?当他从开放型转向封闭型时,他会关闭心门;当他从强硬型转向封闭型时,他会变得更加包容,他会更加容易理解他人,也更容易接受谈判中发生的事情。如果你能把封闭型或强硬型的谈判者转变成开放型或是随和型,你的成功也将指日可待。

第八章

说客：挖掘影响力

卡丽·汤森站在讲台上，准备向在座的互联网营销人员演讲。她扫视整个屋子，发现讲台和第一排座位之间有很大空隙，她走下讲台，说：“请把你们的椅子往前挪，集中坐到讲台周围。”卡丽用一个故事开始了她的演讲，她发现所有人都身体前倾向她凑过来。当她巧妙地引入自己书上的内容时，她问：“谁想要这本书？”大家都举起手来，她把这本书送给所有举手的人。通过强调她推销的东西的好处和价值，卡丽把这张网收得更紧：“谁想要我下一场活动的免费入场券？今天总共只发40张票，发完就没有了。”更多的人举起了手。

趁着刚刚成功营造出的稀缺感和紧迫感，卡丽开始推销那个由她授课的为期一年的教练项目。手里拿着免费的书籍和免费的入场券，人们纷纷涌到屋子后面登记。

谈判策略有时就像卡丽为了销售自己的服务所做的努力，它们取决于说服和影响他人的能力。本章将重点讨论一下影响到谈判过程的说服力和影响力的部分基本原理。

双赢还是有赢有输

谈判总得分出个谁输谁赢吗？你的对手是否也这么认为？你在和什么样的人谈判？这种想法可能源于消极的谈判经验、文化制约甚至是文化侵略。你也可能会遇到固执的对手，他拒绝你的引导、影响或说服。当你和某人谈判时，他秉持的前提是“我赢你输”，所以想要说服这样的人很难。你必须让他明白你不会对他构成威胁才行。对这种类型的人你可能要更严格一点，因为你要让他知道，“我要和你一决胜负，这场谈判注定不容易”。采取这种立场会为你赢得尊重，令谈判对手卸下武装，并且助你摆脱“我赢你输”的局面。如果那个人觉得你的谈判风格与他相似，你就可以基于第七章讨论的相似性原则：人们认可与他们相像的人。相似因子会影响我们说服他人的能力。

你如何判断哪些人是重视合作并希望“双赢”的人？这种人重视和谐、避免冲突。他会说：“你好我好大家好。”对于这种类型的人，你可以通过行动证明你不会伤害他。在合适的情况下可以让他带头，让他感觉和你共事很舒服。他和你共事越自在，他就越凭直觉相信你，这样就允许你在谈判中稍有领先。你可以通过提问做到这一点，测试他的反应，看看他在多大程度上愿意跟随你。这位谈判者允许你说服他，因为他相信你不会伤害他。你们有着共同的目标，那就是双赢。

假设你遇到一个胆怯的人，他对谈判感到不知所措，信心不足。他可能会害怕跟随你，因为他不确定是否可以信任你。此时你可以向他证明你值得信任：允许他占上风。问他诸如此类的问题，如："您对此事有什么看法？"明智的谈判者会提出问题，根据对手的反应可以顺水推舟地推进谈判。你也可以说："您说得非常对，这个想法不错。"以建立融洽的氛围。赞同他人的想法会让他觉得与你在一起很惬意。当你接受他的立场时，他也获得了更多的勇气，他觉得似乎可以更加信任你，而这就给你提供了说服他的机会。

说服力与影响力

说服力是影响对手的基础。如果你不能说服他们，你就无法对他们产生影响。影响他人是你走向说服他人的第一步，也就是说他们能够允许你以说服的形式跨出这第一步。你的影响会使其他人允许你说服他们。我们所有人都是自己生活的掌控者，我们不会放弃对生活的控制，这就是影响力的真正来源。首先，你要打好基础，让那些允许你说服他们的人信任你。他们会观察，判断你是试图帮助还是伤害他们的谈判立场。你的策略就是获得对其他谈判者的影响。要实现这个，你需要教会人们换个新思路，挑战人们目前的想法，通过榜样的力量带来意想不到的结果。

前提是谈判对手也要允许你使用这些策略，你可以是世界上最聪明的人，也可以是世界上最睿智的谈判专家，你可以列出谈判步骤，向他们展示引领谈判走向成功的路径。如果他们拒绝合作，则说明你没有说服他，你可能没有影响力。

比如：克里希纳穆尔蒂·延加通过观察母亲和菜贩的对话，学会了砍价。他的母亲善于使用各种策略，她看到蔬菜的价格会露出惊讶的表情，如果觉得价格过高就佯装离开。通过反复的实验，他吸取了经验，那就是永远不要一听到商贩报价就马上支付。克里希纳穆尔蒂在他的电子公司刚开始成立时就将这种观念带入了谈判，他当即回绝了拉伊·福克斯开出的价格，拉伊·福克斯感到非常困惑，因为他知道克里希纳穆尔蒂的确非常需要这笔生意。看到克里希纳穆尔蒂的反应，拉伊退出了谈判，并交给了遭遇过同样策略的合作伙伴。接手谈判之后，合作伙伴开始就报了一个高出克里希纳穆尔蒂心理价位的价格。最后双方以都能接受的价格结束了谈判，并且那个价格非常接近拉伊最初预计的价格。

有时，并不一定是表达的意思不行，而是那个传达的信使不行。你可能就是那个传递信息的错误信使，你的同事可能会做得更好。在这种情况下，你可以带他去谈判。

好警察、坏警察

好警察、坏警察是警察审讯疑犯时使用的心理战术，这种策略通常需要两个人。坏警察试图向嫌疑人传递信息：他应该采取某种行动，如承认犯罪；好警察则支持和鼓励嫌疑犯，通常会向嫌疑犯提供坏警察拒绝提供的食物或饮料。好警察的行为目的在于与坏警察的形象形成鲜明的对比，这样嫌疑犯会卸下内心的防卫，因为坏警察的严厉和苛刻会使嫌疑人感到恐惧。谈判中两个人一个唱红脸一个唱白脸，这种方法对胆小的谈判者具有深刻影响，他们可能会投降。

那些秉持“我赢你输”观点的人可能会与扮演坏警察的人针锋相对，只为向坏警察展示他们的强硬。而当你采用好警察的策略，你就软化了那个人的内心，他可能会想：“我厌倦了玩这样的游戏。”好的谈判者能分清楚红脸白脸的策略，即使是由同一个人来扮演的。这些细微的差别都将影响到个人在谈判中的影响力或说服力。

你可以在谈判中综合使用红脸和白脸，无须两个人同时在场。例如：商人理查德·艾伦预见到了加入游戏开发行业会赚大钱的商机，他雇用程序员凯文·温斯坦开发一款新游戏，合同规定程序员并不拥有新游戏的知识产权。当凯文对该不利条款提出质疑时，理查德说："这是制式文本，你知道律师都是这么写的。"

意识到理查德在使用好警察、坏警察策略后，凯文当即决定雇律师来捍卫自己的权益，对抗这个编制合同的坏警察。不过他决定先试试自己是否可以在没有律师的情况下修改合同，凯文删除了合同中他认为有损自身利益的部分，而列出了他发挥的作用，强调了他对游戏开发贡献出的价值。凯文对理查德说："你想对我做什么？你想限制我，不允许我和其他游戏开发者合作，并且剥夺我的知识产权。我不同意，这绝无可能。合同的内容太侮辱人了。"在对理查德表示不满之后，凯文发现理查德很快就同意了自己的改动，他还同意把凯文的时薪提高到目前所得的三倍，并赠予凯文一小部分公司股权。

凯文的谈判综合了几种策略。理查德之所以妥协，很可能是因为凯文认识到他自己在谈判中的权力。如果凯文退出项目，理查德将没有其他备选方案。权力就等同于影响，凯文不得不选择他允许理查德影响他的程度。如果凯文不说什么，合同中的条款就将对他非常不利。影响力是谈判的关键，而凯文也认识到了他的权力影响了谈判。

职位权力是在谈判中某一特殊时点由于拥有谈判对手真正需要的东西而获得的一种权力。凯文利用他的职位权力获得了更高的时薪和公司部分所有权。他知道如何使用他的权力修改协议，并达到让双方都可以接受的程度。

影响策略

我们如何获得影响别人的能力？当你教会别人用一种新的思维方式时，你就有可能获得了影响他人的机会。这种影响超越了高等教育环境下讲师或教授的教导。当然，前提是他们挑战了别人，才使他们用不同的想法进行思考。优秀的谈判者也会挑战对手，使他们考虑采用不同的方法来获得成功。

我常常教导世界各地的学员不仅要有高水平的表现，而且还要在日常的基础上始终如一地保持这种高水准的表现。我的学员早已认可了我的专业知识，他们已经给了我影响他们的权利，也就是我拥有了职位权力。他们知道我头脑中的专业知识对他们是有利的，他们允许我去影响他们，这也是他们之所以寻求我帮助的原因。我的学生希望我这么做，通过我的影响，使他们表现得更好，取得丰硕的成果。

只有当他人允许我们这么做时，我们才能有机会影响他人。可一旦他们对自己获得的尽可能多的好处感到厌倦了，我们也就失去了影响力。当这种情况发生，我们开始失去影响力时，我们可以使用策略把他们吸引回来。我们可以指出一个缺点，或提供更多的服务。将此与人们熟悉的销售流程进行比较：你可能已经注意到，提供各种追加销售的营销人员会说："哦，等等，我们还有更多更好的产品。"这样你又一次关注了商业广告或者其他引起你注意的东西。

谈判中你也可以使用相同类型的策略。你可以这么说："如果你喜欢我刚才说的，接下来让我告诉你还需要知道什么。"这个策略被用以影响谈判对手，帮助你达到谈判目标。当他人说："我已经懂了，不需要了。"你的影响力也就到此为止了。在谈判中，只要还有这种需要，那就是你需要施展自己的影响力的首要原因。一旦失去影响力，我们就失去了引导他人的能力。

身体语言及影响

在第一章中，我讨论了了解或隐或现的身体语言信号的重要意义。假设你看出谈判对手在抗拒你的影响，这时你能怎么做呢？这时你可以采取几种不同的行动。首先，在坐到谈判桌之前，你就需要了解谈判对手的风格：

· 他有什么动机？

· 他为什么和你谈判？

· 如果目的无法实现，他会怎么做？

文森特·贝内利正和某大型医药客户的采购总监萨拉·哈特谈判。他一边真诚地表示：“我打算给你最好的条件，我保证你会满意的。”一边观察着萨拉的身体语言和姿势。文森特知道萨拉想给自己公司省钱，她也面临缩减成本的压力。但是他却看到萨拉身体靠在了椅背上。文森特意识到自己的话并没有打动她。文森特纳闷：“难道她不信任我吗？”文森特问：“你相信我说的话吗？”结果萨拉离得更远了，并且答道：“是的，我信。”文森特意识到这其中蕴含混合的信息。萨拉嘴上说着“是”，可她的身体语言却在说着“不是”。文森特熟练地解读了萨拉的身体语言，说：“我听到你刚才说的话了。”他的意思是：“你说了什么，我听得很清楚，但是我看到你身体向后靠。这个姿势暗示你或许不太信任我。”萨拉身体前倾，笑着说：“我有点担心，不过你继续往下说吧，看看后面怎么样。”文森特从萨拉的身体语言看出她还在怀疑，但是他没有透露出自己的想法。

相反，他温和地挑战她。她前倾的身体语言表明至少她还是愿意倾听的。文森特为自己有可能对萨拉施加些许的影响而感到欣喜。他知道这个生意必须在当天下午谈成，他的上司已经强调了萨拉这桩生意的重要性。

文森特继续往下谈，同时观察着萨拉的身体语言：萨拉身体继续向后靠，双眉紧皱，双手于胸前交叉。他心想：“看来我没有取得任何进展！我需要重新部署，退出这场谈判。”

当你看到对手的身体语言和反应，发现自己无能为力时，不要投入过多的时间在谈判上。你也许会想，“既然已经花费了很多时间，我希望坚持到底”。在任何一场谈判中，你投入的时间越多就越容易陷得深，这将使你面临巨大的风险，更易于做出损害自身立场的让步。预见到这种危险时，你应该及时抽身而退。根据谈判的形势，你也可以召集能力更强的谈判专家加入谈判。这人可以是你的上司、谈判对手敬重的人，或是更容易和他搭上关系的人。了解了身体语言的影响，你就可以随机应变。

谈判过程中的姿势也很重要，或坐或站都有可能对谈判产生关键影响。假如一个人站着而其他人坐着，这会有什么影响？问问你自己，那个站着的人是不是自觉高人一等？他是否在说：“瞧，我更高大，也更厉害吧？”因为那个站着的人通常可以掌控局面，所以当你看到对手站着时，你也应该考虑站起来，抵消他想要掌控局面的意图。

让我们换个角度解读身体语言，假使你的谈判对手位高权重。想象一下坐在王座上的国王。在童书上，从来没有哪个国王是站在王座前的。他总是坐着，等候臣民前来觐见。

让我们看看坐和站是如何用来传达权力和影响的。比如，艾伦·杜瓦坐在桌后，这时乔治·阿尔维克走进她的办公室。他们在同一家公司任副总裁。当乔治走过来和她握手时，艾伦仍坐着不动。乔治不由得愤然，心想："真把自己当回事啊，别人跟她握手也不站起来。真够无礼的。"如果艾伦站起来握乔治的手，她就通过行动确认了她和乔治的平等地位。不管是有心还是无意，艾伦早已释放出了信息，而这种信息设定了谈判的基调。

我和同事们某天在华盛顿特区见到了某位参议员。当我们鱼贯而行上前和他握手时，参议员安坐于座位上。对于他的身体语言，我的感受是：他觉得参议员很了不起。我感到他此时或许在想："瞧，你们这些地位低下的人啊，过来握我的手吧！如果你们够幸运的话，说不定我还会赏光让你们吻一下我的戒指。"我相信他就是这么想的，并自忖，"好吧，大人物先生，我倒要看看等我握你手的时候你还能在凳子上坐多久"。轮到我时，我使劲猛握他的手，他因疼痛而露出痛苦的表情并站了起来，而我则讽刺地说了句："哦，参议员先生，真是抱歉啊。"

当你站着而谈判对手坐着时，想想你可以使用什么策略，诸如改变你的声音。说得慢一点或是轻一点，这样对手将不得不向前一步或是站起来才能听到你说话。如果你真想把问题讲清楚，你可以尝试降低对手的高度——你可以弯腰或者下蹲。诱导谈判对手寻求其他方式，大家都坐下来或都站起来。如果那人并不是故意想要保持高人一等的姿态，他可能会为此给你带来的不适而道歉。

潜意识信息及影响

正如第五章所述，潜意识说服力在谈判中也发挥着作用。下面我就举个使用潜意识信息的例子。罗伯托·戈麦斯是某家大型出版社的图形艺术家，黛博拉·塞缪尔是和他搭档的编辑。首次作品研讨会的前一天，黛博拉说：“罗伯特，这本书就是讲的这个。”当她描绘这本书时，罗伯特身体后仰，闭着眼睛，内心构思用什么颜色在封面上。创投会上，他打了一条和选定的图书封面同色的领带。黛博拉发现罗伯特试图通过领带的颜色传达潜意识信息。“哦，他想要个淡紫色的封面，”她意识到，“而我并不觉得那是个好主意。”

罗伯特意识到黛博拉感觉出他的领带颜色代表着他对某种色彩的喜好，

所以他决定调整策略来施加影响。第二次作品研讨会上，他赫然系了条粉色的领带。尽管这两种颜色差别不大，黛博拉却心想：“真丑啊。我永远不会选用粉色的封面！还不如淡紫色呢。”罗伯特知道他已经达到了潜意识影响黛博拉的目的，仅靠打了一条她讨厌的粉色领带，就使她很容易地接受了先前的淡紫色。

这种策略又称“逆反心理”——就是你发出的信息与你期待人们去做的事情相反。想想父母是怎样对十来岁的孩子说的，他们说：“对啊，家庭作业你不必今天非得做完，作业哪有那么重要，但要是你想开上我这样的车……”这里就包含着潜意识信息：“如果有一天，你想开上像我这样的车，恐怕你就得考虑考虑作业是今天、明天还是后天做了。只有接受了更好的教育，你才能买得起我这样的车。”

公开说服

与潜意识信息相对应的就是公开说服了。前倾或后靠，皱眉、坐着或站着都是身体语言的显性特征。在措辞过程中，你也可以考虑公开说服。设想一下这样的场景，你的谈判对手是位期待升职的雇员。当你们谈到公司需要另设部门，这意味着雇员就有了升迁机会。他想要谋求那个职位，这样就可以增加收入和提高地位。你也想激发他带动部门内部发生变化，这样他才具有提职的资本。你可能会说：“如果你想得到升职机会，就得做出这些变化，这就是你需要去考虑的。”你指明了他的谈判目的，并明确指出如果遵循这条特殊的路径，他就能实现这一目的。他允许你劝说他并对他施加影响。

将公开说服与潜意识说服相结合大有裨益。譬如，你注意到谈判对手怀疑你的意图。他说：“我相信你说的话。”不过你还是从他的声音里听出了疑惑。你可以挑明隐含于公开信息下的潜意识信息，问他：“那你还犹豫什么？”他回答说：“哦，我没有犹豫啊。”他的表现证实他不想被你看出犹豫。从谈判者的角度，这意味着什么？你意识到他内心犹豫却又不想被你看出，所以你可以继续跟他谈，但是得谨记他的话语和声调的矛盾之处。

注意如何在谈判中使用公开说服和潜意识说服。不要任由一种压倒另外一种，两种说服方法都可以向你提供谈判对手的信息。你所表达的公开信息和潜意识信息应该保持一致。否则，别人可能会觉得你不诚实。你也会因此失去影响力，从而彻底丧失说服能力。

权力策略直接关系到你的影响力。权力并非一成不变。前一秒可能你还拥有它，后一秒可能就没有了。

当你的权力有限时，你使用的策略会因权力制衡的改变而产生不同的结果。你可能会面临更大的失去影响力和说服力的风险，你的目标也将变为重新夺回权力。

社会证据及影响

玛丽·里韦拉走进艾普丽·约翰逊的办公室，希望就为艾普丽公司提供销售咨询的服务费一事达成一致。艾普丽说："我怎么知道你优秀不优秀呢？你有客户的推荐信吗？"玛丽拿出一沓客户推荐信，有些是大型知名公司。艾普丽扫了几眼前面几封，就放在了一边，说："现在咱们谈谈吧。"

社会证据可用于谈判前和谈判中。你可以收集和出示客户表示满意的确认函来增加自己的可信度，证实自己的专业性。你的谈判对手也有对安全和保障的需求。利用这些需要，列举一些你是如何帮助客户实现卓越成果的案例。这些社会证据可以减轻谈判对手的焦虑。

现在的谈判专家常把社会证据刊登于公司网站、宣传册、海报、其他营销材料和社会媒介等。人们过度滥用客户推荐函的行为，导致目前防止人们过度使用社会证据的各项规定频频出台。最具说服力的社会证据通常具有如下特点：

· 它们是真实人物做出的真实评价。这些评价均有书面文件加以证实。

· 它们为视频形式。如果有知名人士或德高望重之人现身会更为可信。

· 如果没有客户视频，至少应包含客户的照片。

· 包括客户的姓名、职务和所在地，如“比尔 · 沃尔特斯，万德福公司首席执行官，纽约”就比“纽约的比尔 · 沃尔特斯”更具说服力。

·最好是针对某一服务的具体评价，而不只是“你真棒”这类空泛的评价。

· 包括因与你合作产生的可测量的后果（譬如“由于跟着格雷格 · 威廉姆斯学习谈判技巧，我们为公司省了五十万美元”）。

· 客户的推荐函应和你所提供的服务相关，且数额相当。如果你谈的合同标的额为五十万美元，那么推荐信最好来自于类似规模的合同。

视觉及影响

视觉系指我们行为中可视化的方面。我们是如何展示某种行为的？你身着合身的衣服参加谈判，自然就有骄傲和自信。你的谈判对手观察着你和你的行为，你的目标就是表现得更可信。当然有些时候你可能需要隐藏自己的成功。譬如，当你不想支付更多的服务费时，就千万不要在那种情形下还炫富。

视觉在谈判过程中发挥着重要作用。譬如，一位衣着普通的女士走进一家具店，在场的销售们对她视而不见。根据她的衣着、年龄，他们断定她不会太有钱，因此懒得接待她。当她在展厅四处转悠寻找着服务人员时，某位销售决定和她聊聊。使他喜出望外的是，她打算买一屋子的家具，最后掏出最高等级的美国运通卡付了费。那位因为她购物而拿到佣金的销售代表为自己主动和她搭了话而激动不已，而他的同事们则吸取了过度以貌取人的惨痛教训。

我也曾有过这样被忽视的经历，有天我走进某家奔驰经销店，想买辆新车，却没人理睬我。看到我随意的穿着，那位接待我的销售代表的表情就好像我是专门来踢轮胎的，只想打发我了事。我想，你怎么能这样？后来我从另外一家经销店买了车。几天后我回到最初的经销店，要求和他们的经理面谈，向他转述了真实经过。经理说："这个销售员总是被顾客投诉，现在早不在我们这做了。"他们已经解雇了那个销售代表。那个销售看到我的穿着就冷漠下来——他觉得我没有那么多钱买不起奔驰，所以也不想浪费时间。我们在谈判中也有可能发生同样的事，谈判专家要懂得如何利用视觉效果提高自己的地位。

换个角度来说，不要以外表取人。因为那人的衣着并不一定能和他的做事方式和真实能力画上等号。

稀缺和限时

“快来买吧，仅余五套，四个人正在抢购。”这是被销售时常采用的饥饿销售法。饥饿销售常用于销售过程中，也可以有效地应用于谈判。谈判者可以利用稀缺性向对手施压，稀缺可以用于涨价或是刺激购买。

“这个价格就保留到今晚十二点，要买的就趁现在。”这就是将限时策略融入了销售。当谈判对手总想再三考虑而不愿当即做出决定时，你就可以使用限时策略向他们施压。

不过使用稀缺和限时原则也有风险，谈判专家可能会使你露出底牌。比如，丹尼·沙姆出售沙滩设施，他的仓库里有 100 把沙滩椅，马上要换季了，丹尼需要尽快处理掉这些椅子。卡拉·奈特利在季末购买沙滩设施，而丹尼决定使用稀缺和限时的影响因素，告诉她：“只剩不多了（稀缺性），你不买马上就卖光了（限时性）。”但卡拉说：“好，我过几天来买。”

从谈判的角度来说，丹尼的谎言会令他陷于困境。一周后卡拉回来，发现丹尼仍然有 100 把椅子，并没有卖给其他买家。丹尼的行为向卡拉透露了什么？她现在明白丹尼使用了稀缺和限时策略。她会想：“现在我掌握了主动权，丹尼也知道。他要价 10 美元一把，但是我知道我可以 4 美元拿到。”她向他摊牌，提出 4 美元一把。丹尼吃了这个教训，下次谈判时就会谨慎使用稀缺和限时策略。在谈判中使用稀缺和限时销售时务必十分谨慎，因为稍不留意可能会适得其反。

我的座右铭是：“其实你一直在谈判。”所以今天使用的策略可能会成为明天人们针对你的口实。卡拉会记得丹尼对她撒过的谎，在未来谈判中，她将不会给予他需要的那种影响力。

社会证据、稀缺性和限时性策略可以综合使用于谈判中。某教练可能会说：“我只能收有限的学员，我很希望你能成为其中一员。不过一旦满员，你就得在候补名单上排着了，我不一定能保证你有学位。”比如，杰西卡·霍尔姆斯对外提供商务培训课程，劳拉·布拉舍对她的课程很感兴趣。她知道自己需要指点，但是又犹豫是否该报名。杰西卡感觉到了劳拉的犹豫，她解释说：“这个课程一个月才录取 1 到 2 名学员。目前我已有 12 名学员，最多录取到 15 个学员就封顶了。劳拉，你要是想学，就赶紧报名吧。”杰西卡这句话里综合使用了稀缺、限时和社会证据。“其他人都在报这个课”就是社会证据。

杰西卡还想知道是什么阻挠了劳拉报名。“你已经表达了参加项目的兴趣。你也看到别人都报名了，还犹豫什么呢？”劳拉回应：“我还没做好上课的准备。”杰西卡问：“出于好奇，当然也是为了能更好地为你服务，我想知道你不能来的真实原因是什么。”劳拉回答说：“几个月后我会请一个合伙人，我担心的是费用。”杰西卡说：“如果你加入这个培训课程，我们可以一起帮你完善吸纳新人的业务架构，我们还会讨论他的作用和薪酬，我建议最开始不如让他以分包商的身份加入，我们将讨论他是否适合做合伙人。”

接下来劳拉说：“我知道你的帮助会很有价值。但我还没有准备好报名。我能把您的电话加到快速拨号电话簿上，有问题时打电话向您求助吗？”杰西卡委婉地回绝了劳拉的要求，她没有预备好提供这种新业务。她意识到劳拉可能不会成为她的教练学员，但是当劳拉真正需要帮助的时候，杰西卡的专业知识和职位权力又足够强大，所以她还是会主动找上来的。

综述

你对对手的影响力由如下几种因素构成：

· 在谈判过程中引入新元素改变对手观点的说服力

· 对于谈判是双赢还是有输有赢，你的观点和他的一致

· 你的身体语言，公开说服力和潜意识信息

· 谨慎使用稀缺和限时策略

一旦你具备了影响他人的能力，你将更有可能圆满地结束谈判，达成所愿。

第九章

技巧：打造成功的谈判

原告律师沃尔特·加勒特盯着被告律师萨拉·詹纳。沃尔特的委托人杰西卡·戴维斯不仅颈椎、腰椎受伤，肋骨骨折，并且头部受伤。经过数月的治疗仍患有慢性疼痛，大脑损伤使她无法承担原来的会计师职务。杰西卡债台高筑，房东也下了逐客令。“求你尽量帮我打官司吧！”她对沃尔特说，“我都不抱什么希望了。”

萨拉说：“我知道你想为客户争取75万美元的赔偿金。老实说，我觉得这个案子赔不了那么多。我的委托人准备支付35万美元。”“真离谱，”沃尔特气急败坏地说，“我的客户光工资收入一项就损失了30万美元。”

萨拉答道：“我有可能劝他给到55万美元。至于差额，双方各让一半如何？”

考虑一下杰西卡理赔案中律师们使用的策略。萨拉提出双方各让一半，表明她愿意支付索赔。当她说话时，沃尔特注意到了她的身体语言：她的非语言姿势、声调以及诚恳度。如果某人心不在焉地表达感情，她也会被那样对待。从谈判的角度，你不仅要关注到还多少价，还要意识到怎么报价。

打破围墙

你是否希望对手可以泄露他的策略？下面我们就讲讲这个。当你怀疑谈判对手并没有像应有的那么开放时，观察他的身体语言和态度就会变得更为重要。你可以用自己的身体语言表达质疑，故意激起他的反应。谈判对手讲话时，你可以将身体后靠试图远离他，直视他的眼睛，看他是否回避你的目光。

观察一连串的身体语言，诸如他是否在双臂交叉的同时身体后靠，把视线从你身上移开，避免眼神接触等。思考一下这些与讨论的报价或还价相关的身体语言。

假使你是一位房产经纪人，正和一位打算购房的客户伦恩·弗里德曼坐在一起，卖家马里奥·文森特坐在他的对面。你发现马里奥的身体后靠远离买家，伦恩报了一个价，马里奥突然向他靠拢，微笑着，双手摊开，掌心向上。这样的姿势表明，他不仅同意伦恩的报价，还愿意接受伦恩的引导。作为伦恩的代理人，你需要充分看懂卖家的身体语言信号，这样你就能够掌握他的思维过程，并指导你的客户。

运用数据支持观点

人们总是喜欢引用数据来支持他们的观点或是论点，那这种策略对谈判是否有效？答案也是喜忧参半。引用的数据能发挥多大作用，要看你的谈判对象是怎样的人。有的人喜欢数据，也有的人看见数字就目光呆滞。

使用你的身体语言来强调某个具体的数据，尤其是当你认为谈判对手没有意识到你所使用的数据的重要性时将会更为有用。譬如，你是一位公共演说家，正和某位潜在客户面对面地讨论如何为某大型集团公司培训销售人员。你身体靠近对方说："根据以往的经验，我敢打保票，这是你所能采取的最明智的行动。"说这话时，你的身体语言也保持一致，手指要么指着对手，要么敲着桌子。你在强调这个事实，在你看来自己引用的数据都是确凿无误的。

如果在谈判将结束之际，你发现陷入了僵局，你可能希望通过数据说服谈判对手不必为听从你的建议而感到焦虑。那你可以这么说："请我去培训的公司有 75% 平均年收入增加了 25%。"

如果你发现对手的身体语言显示他仍心存疑窦，你可以出具社会证据或受益的公司的证明函，直接向他们展示你陈述的结果。这样会更加突出重点，并且成为插入谈判过程中的非语言姿势，使你的话更具说服力。在谈判过程中，如果你需要强调自己的可信度以及成功数据时，你就可以做出手势指向这些证据。

谈判中的苦与乐

谈判前的初步调查有助于你理解谈判对手的动机。

米西和查尔斯·查德威克坐在汽车销售约瑟前面。米西有点头疼，她想当天成交，她不想再开那辆十多年的旧车，恨不得马上签约，这样就可以买一辆更安全的新车了。她不愿意再多等一天，也不想再换经销商，因为这样可能会导致成交延迟。在谈判过程中米西更容易动摇，因为她的动机就是快刀斩乱麻尽快成交。

约瑟观察到米西因谈判进展的缓慢而生气的身体语言。只见她叹着气，在凳子上坐立不安，看上去很不耐烦。约瑟还注意到查尔斯并没有察觉妻子发出的信号，查尔斯更愿意冒险和承受不能成交的后果。他心里想的是："好吧，即使今天不买，还有明天呢。如果明天还是谈不成，附近不是还有其他经销商嘛。"

看出了查尔斯的想法，米西把他拉到远离销售的走廊上，诉说谈判进展缓慢，自己是多么痛苦。考虑到跟老婆对着干没有好果子吃，查尔斯立马就认输了。夫妻俩从外面回来时已准备好了签约，约瑟不由得露出了微笑。

身体的舒适感或不适感也可以影响谈判。对手可能调高或调低室温，使对方感到不适，迫使对手经历一种类似于痛苦的不适感。通过这种行为迫使对方不得不考虑还要在这种难受的环境中待多久，这会影响到谈判的时长。如果是偕团队参加谈判，你必须考虑谁将和你一起出席谈判。务必确保自己人不会成为这类策略的牺牲品。

现在让我们说说谈判中的乐事吧。这可以是谈判桌上的茶点，如食物和饮料等，释放出东道主热情好客的潜意识信息。这也可以是一种承诺，如果谈判圆满成功，每人可获得额外的奖励。你还可以把这种好处引而不发，令人感到不适，这样就发出了这样的潜意识信息：“照我说的做，谈判顺利，大家都开心；要是不听我的，就会很痛苦。”

夸张的痛苦或快乐

要提防那些在谈判中夸大反应的谈判对手。

詹森教授经营教练课程，协助公司提升业绩。詹森正劝说杰弗里购买他的网站开发服务，在紧锣密鼓的谈判过程中，詹森告诉杰弗里："不要蹬鼻子上脸啊！"此处使用了隐喻的手法，他实际想表达的意思是："你的报价令我痛苦。"他突出了自己是因为杰弗里的报价而感到痛苦。

此时杰弗里要做的就是活跃气氛，缓解詹森带来的痛苦。杰弗里心想："詹森说他有多痛苦，多不高兴，只不过是一种谈判策略而已。他知道我报 30 万美元其实价位相当合理。我再降价试试。"

杰弗里还价还到了 20 万美元，詹森不同意，他说："拜托，你不如杀了我吧。"同时以手抚胸口，身体后仰，表明谈判委实痛苦。他的身体语言凸显了内心的痛苦，试图说服杰弗里相信他无法接受这个还价。

假使詹森抓住自己的胸口，非但身体没有后仰，反倒贴近杰弗里，嘴上说："哦，这真是太痛苦啦。"那么杰弗里可能就会琢磨了："他并不真觉得是那么不适，因为他的身体向我倾斜。我倒要试探一下，看他下一步怎么做。"

"我最多给你 22 万美元了。"杰弗里仔细端详着詹森，发现他摊开手说，"这简直太痛苦。"假使他的手势是认真的，表明他已卸下了防备。他们最终谈妥以 25 万美元成交。

换了你会怎么做？意识到詹森正在使用谈判策略，杰弗里本可以咬定报价不放松，看詹森下一步采取什么行动。为了推进谈判，杰弗里也可以这么说："要我怎么做，才能缓解你的压力呢？"詹森有可能给出一个高出25万美元的报价。杰弗里还没问清楚詹森的心理价位，就调低了自己的报价，也就损失了本可以拿到手的货币。所以在调低报价前务必先从谈判对手处获取信息，明确他的心理价位。

夸张的快乐也可以提供谈判线索。关注对手的笑容、声音里活泼的语调、欢快的表情以及其他快乐的表现。微笑通常伴随着声音的提高。当你们面对面而谈，对面的谈判对手可能坐得比你高，这就像挑起的眼角、眉梢的笑意那样的群信号一样也可以为你提供信号。

姿势也可以传达信息。假使你正站在谈判对手前面，注意到他双手打开，双臂张开，那他表达的信息是"对你没有什么好怕的"。这些信号证实那个人比较快乐。人们观测到的身体语言信号仅有少数能检测出那人是否真正开心。谈判时观察对方的身体语言信号，也可以有助于你了解他正在经受多大程度的痛苦、愉快、欢乐、悲伤等。

谈判中的气味

对手可能运用气味营造舒适或不适的环境。譬如，使用喷雾器向空中喷洒能够影响谈判的香气，唤起人们不适感的方法之一就是让他们身处不宜人的气味中。这样可以提醒他们抓紧时间签约，然后就可以离开这里。

你可能注意到谈判过程中除臭剂似乎失效了。体味传达出的非语言的身体语言可能有多重含义。它可能表达了这样的含义："你令我大汗淋漓，以至于开始散发体味。我又惊又吓。这对我很重要。"

闻到谈判对手的体味，你也可以采取咄咄逼人的立场。

你："哇，约翰，怎么回事？"

约翰："你是什么意思？"

你："谈判对你来说这么难吗？"

约翰："你为什么这样问呢？"

你："哦，闻起来似乎你都没有时间洗澡。"

约翰："哦。"

观察约翰的身体语言。他是否真的嗅了嗅腋下？这证实潜意识里他并没有感觉到自己的体味。他也许会说："确实，我最近太关注谈判了，都没有时间管理自己。"你的话语是否激怒了约翰？导致他更加不能同意对你有利的条款？在你告知他的体味后他做出的反应将有助于了解其想法。他可能会说：“好吧，谈判确实耗费精力，不过那又怎样？”假使与此相反，约翰会说：“哇，抱歉。我们不如换个时间再谈。”你知道谈判正在影响他，他也知道你意识到了这一点，并且他也希望在更好的状态下与你谈判。

宜人的味道有助于谈判。假使你打算劝说格兰特买下自己的面包店。你知道他热爱烘焙，就选择在面包店的里屋谈判，并一定让你的雇员在你们谈生意时烤曲奇饼。当空气中弥漫着曲奇的香气，你会看到格兰特微笑着，这表明他下意识地对环境感到满意，并把这种好感转移到谈判中。

气味能影响感觉，有助于达成你的愿望。从身体语言的角度来说，你应该观察气味会对谈判对手产生怎样的影响，关注他是否会对因为谈判过程中的香味而面露微笑。

有经验的谈判者可能会意识到对手气味的刻意使用：“等一会儿，这味道闻起来像是松木香，让我忆起了圣诞节和圣诞树。这个策略我差点忽略了。”他们可能故意忽略了这种特别的香气，他们也可能发现你试图影响他们的思维过程，从而提高了防备。

测谎

桑德拉·埃德索仁看着霍华德·韦斯顿，提出让霍华德担任人力资源总监，还说了准备支付的薪酬。他说：“现在，我还不太确定自己是否需要这份工作。”“他在撒谎。”她心想。在谈判开始之前，桑德拉已经研究过霍华德的眼部运动，了解了他通常情况下的眼睛运动模式。（参见前文第一章“眼睛运动的含义”的讨论。）当他说话时，桑德拉看着他的眼睛。她注意到霍华德不愿直视她的眼睛，得出的结论是连他自己都不相信自己所说的话，而且还感到有点羞愧和尴尬。他不想让她通过他的眼睛发现他在撒谎。

桑德拉想：“我不太相信他现在说的话。他这么做是为了什么呢？是想要我求他接受这个工作，还是想要我给更高的工资呢？”桑德拉回答他：“你为什么这么想呢？”在霍华德回应后，桑德拉关注着他的身体语言。霍华德继续回避她的眼神，说：“我不知道自己是否能干好这项工作。但是如果我确定接受这个工作，我会要求更高的薪水。”

请注意：桑德拉并没有因为霍华德撒了谎而和他发生冲突，而是让他表露出自己为何犹豫的真实动机。

假设与此相反，桑德拉对霍华德说：“我觉得你说不打算接受这个工作是在对我撒谎。”霍华德深深地叹了口气，然后说：“我不知道你为什么说我撒谎，我也不知道为什么你怀疑我。”他表露出来的这种受伤的自我让桑德拉更加怀疑霍华德只不过是在寻找肯定。他希望她确认他具有管理那个部门的技能，并且真心希望自己出任那个职务。桑德拉知道她必须深入探究他之所以撒谎的原因。桑德拉没有当场点破他的谎言，那样意味着她可能会被迫支付高工资，但霍华德真正想要的是自我肯定。

霍华德可能还会继续撒谎，如果他觉得没人说破。他并没有认为自己在撒谎。桑德拉知道如果她允许霍华德继续下去而不去质疑他，她就无异于给了他向自己撒谎的许可。尽管桑德拉没质疑霍华德感觉似乎给了他对自己撒谎的许可，同时她也可以收集对谈判非常有利的额外的信息。

正如上文所述，由于刚开始没有质疑霍华德，桑德拉才有机会使得霍华德透露他为什么没有保持完全诚实的真实原因——他想要更多的钱！有时你不得不决定什么时间是指认他人不诚实的合适时机。在这之前，你要清楚，一旦表明自己的观点将把谈判带向何方。

信任增进谈判，撒谎损害谈判。当你觉得某人在向你撒谎，你的防备之心必然大涨。如果你被别人认为在撒谎，谈判对手可能不再相信你说的事实。她会质疑你说的一切，谎言会阻碍和损害谈判者之间应有的诚实和信任。谎言可以导致谈判偏离方向，陷入僵局。正在撒谎的人必会感受到某种不适。一个谎言可能导致轻微的不适，一连串的谎言绝对会导致显著的不适。不过，即使是在撒谎之初，身体也会做出某种抚慰性的姿势，来纠正这种不诚实的行为。适应这种抚慰性的姿势吧，它可能是某人伸手抓着另一条手臂、腿，或者另一只手等。看到这种抚慰性的姿势，你就该警觉起来，关注那个表明谎言严重程度的姿势。

应对不同的观念

假使你正在和某位持不同观点的人谈判。如何发现那个人对谈判的观点与你的观点显著不同？启动谈判时你就要讨论双方意图实现的结果。这种策略有助于获得对手的补仓，为实现目的做好准备。当你投身谈判时，你就要确认谈判对手想要实现什么目的，自己想要实现什么目的，以及你们的谈判目的。当谈判接近结束时，你可以说出谈判的起点，谈判的现状，以及希望在短期内达到的状况。这种对话听起来就像这样：

玛丽：“乔，我们已经聚在一起，讨论了贵公司如何向我们提供生产过程中需要的木板。目前可以确认的是，贵公司可以每周向我们发货 1000

块木板，对吗？”

乔：“是的，玛丽，没错。我们会这样做，但是你们公司要在我们交付后的下一个星期三前将支票送达，对吗？”

玛丽：“是的，很对。我们会有三天的宽限期，确保运输过程不会对支票送达和双方协议产生负面影响。”

乔：“这可不是双方达成一致的内容。”

玛丽：“你说得对，不过考虑到邮寄可能对双方协议产生的影响，我想避免这一切发生。”

乔：“这就相当于改变了协议。”

玛丽：“怎么会呢？”

乔：“我们正等着贵方的支票在发货后的下周三前送达，这样我们的现金流才不至于受影响。”

玛丽：“你打算建议采取怎样的行动，以确保邮寄不会对贵方收到支票的时间产生负面影响？”

乔：“在收到货物的一天内，贵方能否将钱款电汇至我方的银行账户？”

玛丽：“是的，我们可以做到。”

乔：“谢谢你，玛丽。真高兴和你合作。”

观察谈判对手的身体语言，探测他的不同观点。他说话时的语速是否很快，并且音调上升？如果是，那你确认他刚才激动了。譬如，他说了类似这样的话：“哇，我真欣赏咱们的谈判方式。”你可以从他声音的兴奋度和脸上的笑容判断出他很开心。

假使他说：“你知道，我跟你观点不一样，关于咱们谈判的目的还有谈判的原因。”他皱着眉头，还摇着头，说这些话时慢条斯理。那你则收到了一条不同寻常的信息。

作为一个谈判者，此时最明智的策略就是停下来询问他的想法，确认你们两个想的一样，或者至少要确认这并不是他故意的谈判策略。如果他说“我和你想的不一样”，但声音轻柔，同时还点着头，那这种不协调的信号证实这不过是个策略。观察他随后的身体语言。参见下文的对话：

你：“我认为你希望本周内成交。”

他：“是的，我确实想。”

你：“如果我答应你，你能同意我的报价吗？”

他：“可能。”

倾听他的声音。如果他说“可能”时是升调，那么他的反应就比降调时要积极得多。两种声调的意思会略有不同，降调可能表示“我可能同意，也可能不同意”。

团体谈判

到此为止，我在本章中谈到的都是一对一的谈判，但是你可能会遇到很多人参加的谈判。对方可能来了三四个人坐在桌对面，而你身旁只有一个同伴。别羡慕他们，谈判来的人多，可能还会因为观点相左而影响谈判。

位高权重的人有时甚至不会在谈判桌上露面。在一些情况下，基于谈判的量级，那个拥有决策权的人往往不会出席。你可能不会知道那个背后说了算的人是谁，也不知道谁是你真正的谈判对手。

假使那个位高权重的人就在谈判桌上。对方来了四个人，你们来了三个人。与多人谈判时，你必须高度重视对方团队里每个人的身体语言。有些公司特意派出的谈判团队，每个成员都承担着不同的谈判作用。根据他们的身体语言，你便可以分辨出他们的作用，观察他们发言的时间、发言的内容，以及互相观望的眼神等。

譬如，你正和弗朗哥和杰拉尔丁谈判。你可能问："怎么才能签约呢？"那个弗朗哥自诩首席谈判代表，却频频朝杰拉尔丁看。你看到杰拉尔丁抬了抬眼睛，弗朗哥就说："我不太确定。"你意识到弗朗哥在接受杰拉尔丁的指令，这意味着杰拉尔丁才是谈判桌上的实权人物。

你必须意识到这一点，但谈判专家也知道你会留意此类信号，所以他们可能会故意迷惑你，让你搞不懂谁才是真正的首席谈判代表。观察身体语言有助于你确定是谁在掌控局面，确定对方团队可能采取哪种策略。无论大家谈的是什么，你都能更加了解对手愿意做些什么使得谈判氛围更友好，或是就报价和还价做出让步。

同伴之间的信号

蒂芬妮和克莉丝汀颇费周折地向某大型公司推销她们的健康计划。在最后的决策会议上，她们遇见的是芭芭拉。当芭芭拉对提案做出回应时，蒂芬妮注意到克莉丝汀的身体语言。她想："这个克莉丝汀又是微笑又是点头的，看上去似乎准备好接受芭芭拉提出的条件了。但是芭芭拉给我们的价格比我们报给她的也低太多了。克莉丝汀怎么回事？会前我们都讨论过了，都说好了要咬定报价不松口的。"

为了避免这种状况，蒂芬妮和克莉丝汀本可以提前设定信号，就像人们在棒球内场或足球场做的那样。我们来看看她们可以怎样用身体语言来沟通吧。在会见芭芭拉之前，蒂芬妮和克莉丝汀可以商量好哪种信号代表什么意思，并由蒂芬妮做出最后的决定，不过她需要看克莉丝汀的手怎么动。如果克莉丝汀想表达"对这个报价很不满意"，她就会把手从桌上移到膝上。芭芭拉应该不会看得懂这么隐晦的信号。

会谈中，蒂芬妮向克莉丝汀暗示她不接受这个报价。克莉丝汀却没有通过身体语言传达出报价不可接收的信号。相反，她一直把自己当成了团队首席谈判专家，没有向芭芭拉透露她不是那个说了算的人。当克莉丝汀对报价很满意时，她把手从膝上移动到了桌上，并且手心向上。

谁说了算?

有时谁说了算要看你想不想暴露决策者的身份。丹尼和安吉丽娜正与埃迪协商购买他的餐馆。丹尼是首席谈判专家，而安吉丽娜是决策者和资深谈判专家。埃迪报了一个特别离谱的价格，安吉丽娜断然对丹尼说：“我觉得这是在浪费时间，丹尼，咱们走吧。”当安吉丽娜起身时，埃迪有点摸不着头脑。他一直觉得丹尼是决策者，现在才发觉是安吉丽娜说了算。

丹尼面向埃迪说：“我愿意签约，但是安吉丽娜对条款不满意。让我试试能不能去走廊里说服她。”这种好警察、坏警察的策略在第八章中已经讲过，埃迪意识到：“我犯了大错。我不能因为安吉丽娜是个女人，就推断她不是决策者。看来这桩交易不太妙。”

当你陷入僵局

哪些兆头预示着谈判即将陷入僵局呢？关注身体语言即可提前获得预警。让我们先从身体语言的角度谈谈。瓜达露佩和蕾妮谈判，想为她的公司购买公寓式写字楼。蕾妮的身体远离瓜达露佩，当瓜达露佩试图安抚蕾妮时，却发现她躲得更远了。她向瓜达露佩发出了这样的信号：“不，你的报价没法让我靠近你，相反它还使我离得更远了。你还是报个更合理的价位吧。”

瓜达露佩把心理价位又往上提了提。当蕾妮继续远离时，瓜达露佩心想：“要是我继续坚持这个报价，是不是就过不去这个坎儿了？或者这是蕾妮的策略，她想用这个策略让我相信，无论我报什么，她都会坚持全价？”

蕾妮身体前倾说：“你再让点步，我们就可能成交啦。”她身体后倾发出的潜意识信息就是谈判可能陷入僵局。蕾妮故意保持着这种姿势，以迫使瓜达露佩提出最好的报价。蕾妮就知道瓜达露佩为了买下这套公寓愿意磋商到什么程度。

预见即将陷入僵局时，瓜达露佩本可以采用不同的策略。她可以放慢谈判速度，看看蕾妮接下来怎么办。瓜达露佩知道谈判后蕾妮还要开个会，既然时间是谈判的一个要素，瓜达露佩在感觉到她们即将陷入僵局时，她便放缓了谈判节奏。她看着蕾妮的身体语言，以确定她是否有效地对蕾妮施加了压力。瓜达露佩还问了自己如下问题：

· 她是否变得更加专注？

· 她是否身体更加前倾？

· 她的双手是不是张开？

· 她的双臂是不是伸开？

通过潜意识信息传达出的僵局信号可用于谈判，以判断对手是如何渴望成交，以及他将会使用怎样的策略来克服这个潜在的僵局。在谈判中，僵局作为一种战略手段，可助你赢得优势。

报价：谁先来?

谈判中决定谁先报价也会受到诸多变量的影响。参与谈判的双方都知道各自想实现的目的以及面临的潜在障碍，并且双方仍需在条款上达成一致。

迪安·霍华德是名索赔理算员，他每天处理很多案卷。他处理某具体案子的效率并没有他控制成本的整体能力那么重要。迪安比原告律师艾希莉·米勒更有优势地位。艾希莉·米勒处理的案子很少，所以希望从每个客户那里得到尽可能多的律师费。既然迪安占据有利地位，他就可以在谈判开始时说：“这就是现在我们能给的最好报价。”

注意他的措辞。这里面蕴含的潜意识信息：“这是我们目前能给的最好报价。”潜在的意思是：“是的，随着谈判进展，我们也有可能提出更好的报价。”这也是潜意识信息对于谈判如此重要的原因之一。迪安已经为谈判做好了准备。

不妨与试图表现出强势地位的弱势谈判者相对照。如艾希莉可能会说：“你提出的条件，我是不会接受的。这也是我为什么会坐在你的办公室里和你谈。”这段强硬而不狂热的声明表明了她的观点，“这就是我们的立场，我们绝不退缩”。

迪安回应：“真的吗？”他瞪大眼睛暗示，“算了吧，想都不要想。跟我说这个没用”。艾希莉那段激昂的陈词损害了她的地位。她再怎么说也比率先报价的迪安晚了一步。

很多变量会影响到该由谁做出第一个报价。率先报价的那个人必然会设定谈判的基调。如果你占优势并且想要表现你的优势，你可以第一个报价。如果你想看看对手的底细，你也可以让他第一个报价。你的决策应基于你的谈判安排和策略。那决定了你允许谈判对手第一个报价还是自己第一个报价。重点是你需要根据自己的策略理解为什么允许对手先报价。

还价

不要成为一个易于被征服或打败的人。这么说是什么意思呢？最不明智的做法就是持续不停地还价，导致自己落入其他人期待的谈判结果中。当你向对手做出让步的还价时，你就暴露了自己的弱点。如果情况果真如此，你肯定不愿意发出这样的信号，因为那只会鼓励对手不断地要求你做出更多的让步。

你还要考虑你的还价会产生怎样的结果。谈判对手会表示同意还是拒绝？如果他拒绝，你作何反应？这可以回溯到你的规划阶段。正如我在第三章讲过的那样，提前规划有助于预测谈判中的弯路和僵局。

你做出和提出还价的方式都会对如何绕过谈判障碍产生影响。没搞清楚后果前不要盲目接受或做出还价。如果你不确定，可以叫暂停，也就是说暂时离开谈判桌。

早先我已经讲过如何与谈判搭档约定无声的信号。暂停信号使你可以暂时离开谈判桌，当你没有准备好还价或者你甚至还想给对方留下自己需要考虑报价的印象。当你需要还价而你手头又没有准备好还价时，让别人觉得你需要时间考虑对方的报价，也是可资运用的不错的策略。留下做事深思熟虑的印象，可以更加突出强调你的还价。还有一种办法可以延缓某个报价或还价可能的负面效果，那就是要求谈判对手做出某种让步。让他意识到只要他想要点什么，你一定会追加点什么。这样你就等于事先通知他不应贸然地提出要求。

成交后的行为

握手这种象征性的非语言类身体语言意味着，“是的，我们成交了”。但是握手是否真有这个意思呢？在某些情况下，在某些文化里，一项交易结束时双方的握手只不过预示着一个阶段的结束和另一个阶段的开始而已。

要总是明确地知道接下来将会发生什么，不断对各个步骤进行总结，以便与谈判对手达成一致。当你总结这些双方达成的一致时，观察谈判对手的身体语言。如果你在和他电话联系，那就注意他的措辞。

莱斯利刚卖了使用许可给克里希纳，他所在的公司想要使用莱斯利的培训材料。当莱斯利重复强调这桩交易时，克里希纳回答说：“是的，我认为（停顿）我们可以在随后的两周内开出 10 万美元的支票。”莱斯利注意到了克里希纳说话的方式。他听起来似乎不太确信自己能执行协议的内容。莱斯利问道：“等等，我感觉到了你的犹豫。你能跟我说说我刚才感觉到的是什么吗？”如果克里希纳足够机智，他可能会说：“我怎么能说得出你感觉到的东西呢？”他并不想当时就彻底暴露自己的立场。

莱斯利意识到他需要制定策略确保他要么得到支票，要么撕毁协议，这样他就能和另外的公司签约。他期待克里希纳对他的理解做出响应，以确定这桩生意已经谈妥，没有解体的风险。

在谈判过程中，观察谈判对手的身体语言，确认他在多大程度上认同你的观点。在谈判结束时，如果你觉察到他对某一点不同意，你可以提出来。为什么要提出来呢？会不会导致前面的谈判前功尽弃？当然你提出的是可能存在的争议，并且当即解决了这个问题，而不是任由其恶化，也巩固了谈判成果。

综述

谈判过程中，对方之所以会反悔，就在于在谈判过程中接受了自己并不完全同意的结果。他觉得自己本该得到更好的结果，这就会导致谈判者找理由反悔。如欲降低谈判对手反悔的风险，必须逐条确认达成一致的条款、积极处理任何存疑之处。

充分意识到与你谈判的所有相关方，哪怕他们并没有出现在谈判桌上。研究每个可能导致谈判破裂的难点，懂得谈判为什么破裂。对方对于达成的协议的满意度怎么样。这样做，你不仅提高了谈判成功的可能性，还有助于实现更好的谈判效果。

第十章

策略：全局考虑

当谈判对手进入房间时，麦克·吉姆开始观察他们的身体语言。“约瑟·门德斯看起来很紧张，和其他人没有眼神交流，一直咔嗒咔嗒地按着钢笔的上端，”他想，“盖瑞·波特充满自信，他灿烂地微笑着，环顾房间。”麦克列出了自己打算推销的业务的优势。约瑟开始做书面记录，并且提了事先准备好的清单上的问题。盖瑞没有做记录，但他在提问时会瞥一下约瑟记录的内容。麦克观察着两人的面部表情。当他发现他们露出疑惑的表情时，他就会做出相应的解释。当他感觉自己透露了太多信息时，他会适度缩减并且放缓节奏。会议结束时，他们签了约。

控制身体信号

你对身体信号的控制能力会对谈判结果产生重大影响。约瑟释放出的信号表明他很紧张，虽然紧张可以使他保持警觉，但他的对手却也可以利用他的紧张，在谈判中对抗他。相比而言，盖瑞的表现是开朗的、放松的，给人一种自信满满的感觉。他发出的身体信号是：“如果我们成交，那很好；如果我们没有成交，生活仍将继续，没有什么大不了的。”约瑟发出的信号与之恰恰相反，他的身体信号反映他急需这笔生意。精明的谈判者应该高度关注谈判过程中自己释放的语言以及非语言信息，因为这些信息会为整个谈判定下基调。

谈判刚开始时，你的身体语言以及说的话所传达的信号都将会对接下来的谈判情况产生影响，它们会为之后的进程定下基调。精明的谈判者会通过观察身体语言，来推论谈判开始时对方的感受，还会留意随着讨论的深入和报价的提出，对方的身体语言所发生的变化。

误导的身体语言

我刚说过你要按照你自己所要达到的目的来释放身体语言。有时候，你也许要故意地释放不代表你真实想法和感受的身体语言，来误导你的对手。比如，当对手把一份报价放到谈判桌上时，即使它有损你的立场，你也可以表现得很开心。接下来，观察对手的动作，然后出乎他意料地改变身体语言，表达你对那份报价的不满，这样，你的对手就会感到迷惑，不由得问自己："嘿，等等，他想做什么？这次谈判他到底想得到什么？"

当你运用身体语言时，不仅要清楚地意识到为什么要表现成那样，还要很快速地了解到你的身体语言被做了何种解读。

假设盖瑞进入谈判室后故意表现得很自信，不加掩饰地微笑，环顾四周，表现出完全放松的样子，那么他故意要释放的信息可能就是："我对任何事都有信心，这次谈判成功与否皆可，我有其他选择。我来这里是走个过场，只是同意给你一个和我共处的机会而已。”

通过这个形象，盖瑞想要防止他的对手获知他对这个项目的兴趣。他令麦克感到疑惑：“这个人真的想达成交易吗？我想知道我这是不是在浪费时间，要怎样才能把他引导到我事先计划好的走向上呢？我是否需要做出大幅度的让步，才能引起他的兴趣？”

麦克应该仔细观察随着谈判的深入，盖瑞的表现如何改变。盖瑞的身体语言及状态随着报价和还价怎样改变？在他的计划里双方的合作紧密到何种程度？

通过观察判断进展

针对你所设想的在谈判中会发生的、不同论点上会出现的事做好预估，判断谈判进程，对比你的对手同意以及驳回报价时出现的和没出现的身体语言和策略。

麦克可以通过观察约瑟和盖瑞的面部表情，意识到他可能透露了太多信息。以下是获取洞察力时所要观察的要点：

· 你的对手是否摇头或者点头？

· 当你讲话时，你的对手是否轻敲桌子或者四处张望？

· 他在讨论中是否作为一个积极的参与者坐在椅子边缘，或者是否他的动作表达出想要加快讨论进程的愿望？

· 从身体语言的角度来讲，你观察到他坐在椅子边缘，寻找众多信号。他是否敲击手指，敲击钢笔，或者做其他事有没有让你更加明确地洞察到了他的不耐烦？

你也许会观察到你的对手看起来很积极，但是眼神很无神，你很好奇，“我到底对他了解多少？他是否感到很烦？我是否进行得太快了？我是否表现得太纠结了？我如何确定他在跟着我的思路走？”确保他在跟着你的思路走，但如果之后他开始一个接一个地提出问题，你就会知道他在企图获取更多信息。观察他的身体语言和信息，需要注意的不只是他的措辞，同样还包括他提出的问题。这能让你确认自己是否释放了过多或者过少的信息。

微表情

第二章中，你了解了观察对手脸部表情的重要性，因为情绪会在表情上快速体现。尤其重要的是，观察他的眼睛。在他报价和还价的时候眼睛是否睁大？ 他是否皱眉？这些都是谈判者可以获得的信号，如果他足够机智的话。

微表情能让你深入洞察对手心中所想的，尤其当你们两人在讨论报价的时候。

“有一张扑克脸” 意味着你的表情不泄露任何情感。保持扑克脸极具挑战性，你可以想想小时候玩的游戏，游戏的内容就是逗一个尝试保持扑克脸的小伙伴发笑。你的努力肯定会成功的。

微表情是一个人心理状态的真实反映，微表情的表达可能就用一秒。这就是为什么说微表情提供了如此难得的洞察其他人想法的机会，即使他试着摆出一张扑克脸。想法在被展示出来之前还未来得及过滤，如果他展露出一个微表情，然后又恢复到之前的面部表情，你就可以明白，他在故意地尝试不泄露任何思维过程。

当发生这种情况时，你可以这么说：“我知道我接下来要说的任何事你都不会同意。”看看会发生什么。他可能会保持他的扑克脸，停止了说话。你同样可以保持安静，不过最后如果你保持足够长时间，他可能会说“好吧，还有什么话你必须要讲呢？”来继续这次讨论。

或者时间慢慢过去，他没说任何话。假如你有足够的耐心等下去，你会更好地洞察到他对保持自己的扑克脸是多么决绝。这能让你知道他对接受或拒绝你提出的报价有多大的把握。

与自己的谈判

不知道这样的情况有没有在你身上发生过？你第一次去参加一个拍卖活动，主办方发给每个人一个带数字的、用来写出价的示意牌。拍卖商会问：“目前竞价 5 美金，有没有出到 10 美金的？” 你志在必得，但是在拍卖过程中没有处理好，最后发现你在和自己竞价。轻轻一瞥，拍卖商告诉你，最高价是你出的。

这类陷阱也可能发生在谈判中。当你和对手谈判时，你看到他在微笑，你一直在讲话，而他笑得越来越灿烂。你在报价上加了许多，忽然，你意识到自己已经放弃了太多领地，你陷入了与自己谈判的陷阱。停止自说自话，至少让他明确说出他对你提出的报价的看法。

与自己谈判有可能出现在当你透露了太多信息之时，往往会出现如下情况：你做了报价，说“1000 美元是我能接受的最高价”。 对方没有任何表示。你心里想：“我真的特别想做成这笔生意，他的沉默让我惶恐，我该怎么做？” 然后你说：“也许我能加价到 1500 美元。”但对方还是没说任何话。于是你又陷入了与自己谈判的怪圈。若他的沉默表示无话可说，那么你就应该暂停谈判，直到你的话得到回应。

假如你的对手在你出价 1000 美元时露出了一个灿烂的笑容，你的报价很可能已经过高了。在提出报价的时候，你务必要十分谨慎，时刻关注对手的身体语言。同样的微笑可以被理解为：“等等，这个报价远高于我的期望值。”

如何确认你对身体语言的判断是正确的呢？要寻求反馈，而不是陷入与自己谈判的境地。问一些试探性的问题：“你觉得如何？”“你觉得这个怎么样呢？”“这个报价很合理，不是吗？”（同时点头表示同意，因为对你方而言这个报价很合理）。

群体战术

在本章开篇的故事中，约瑟和盖瑞作为谈判团队，和麦克进行谈判。他们使出了好警察、坏警察的策略，约瑟十分紧张，盖瑞则表现得漠不关心。约瑟负责记录，盖瑞查看约瑟的记录，提出问题，他们在观察麦克的反应。

在这种情况下谁占了上风呢？谁是实权人物？他们在多大程度上可以代表他们的立场，以便确保在谈判中占据主动？盖瑞表现得毫不在意，就好像在说：“我甚至不用记录，这对我来说不重要，为什么约瑟要记这些？

是的，这些就是我要问的，只是因为我需要收集更多的信息。”

约瑟和盖瑞一贯地扮演了自己的角色。这就是为什么我说，当你开始一场谈判时，观察对手的行为会随着报价和要价的变化而发生改变，你从而可以更好地调整报价。

有一件事曾令我质疑领导在谈判过程中发挥怎样的掌控作用。一位新州长刚刚履职，我的团队与他的商务部部长进行了一次会谈。我提前向整个团队说明了我想达到的目标：我们要让自己成为州长眼中不可或缺的人。

商务部部长也是刚刚赴任，我团队里的每个人都清楚他的角色以及我们想取得的结果。团队里的每个人都表示他们赞同我作为团队的领导人，当我们与部长举行会谈时，我将作为主要的发言人，提出多数的问题。在我们的会议中，我还没说完，部长就开始阐述他的想法，而我并不会将话语权让给他。

我这样一介普通公民，何其有幸坐在一间高档的会议厅里，与一位被州长赋予重任的商务部部长举行会议。但是我还是不会把话语权让给他的。他试图讲话，如果他想打断我，我还会继续讲，如果他开始讲话，我就打断他，我之所以这么做，就想用这种谈判策略来证明我是谈判中的主导者。

我的团队成员已经演练过各自要说的话，每个人都同意自己扮演的角色。不过，当时团队里有一个人却说：“格雷格，不要打断他的话，让他讲吧。”我对他怒目而视，瞬间房间里气氛僵了下来，办公室部长秘书说道：“哦，这里太冷了。”会议之后我和我的团队成员进行了一次严肃的谈话。

即使当你处在一个自认为掌握一切的环境中，但在团队情况下你也可能会遇到未曾预见的事。如果人们都按职位扮演自己的角色，你的计划就可以按部就班地实施，谈判进程会十分顺利。如果有人在现场“捣乱”，你必须表现得像个领导，从那次之后，我就再也没有让那人参加过任何我参加的会议。

这些是你在团队情况下必须深刻了解的事。如果你只是列席谈判的晚辈，也许你会好奇：“等等，发生了什么？为什么团队负责人要这么做？”不要大声喧哗。安静地就座，扮演好自己的角色。每个人都必须明确自己在团队中的角色。

成功谈判中的身体语言

正如我所强调的，一场成功的谈判始于计划阶段，确定你想从谈判中取得何种结局、实现怎样的结果。考虑谈判对手想要实现的结果以及双方都会同意的方案，把这些都纳入你的谈判计划。

试着问你自己：“假使我说东他说西，该如何应对？我们都已经谈到Z了，不知道出了什么事，难道还要回到A重新谈起？”在规划阶段要预估好多种挽救的方案。观察他对你的报价或还价作何反应。他的表情痛苦吗？当你报价的时候，他是否身体后移了？在谈判过程中密切关注这些身体语言信号，这样就能确定你的计划成功落实到了什么程度。

设计好谈判中的“路书”，在报价或还价被接受或拒绝的时点设定“标志牌”，从而注意谈判对手的身体语言是否与你计划的一致。

同时，还要关注自己的感受。你是否感到突发性的头疼、肚子发紧、双手紧握？像重视对手的身体语言一样，你也要关注自己的身体语言。你是否需要叫“暂停”？是否需要放缓谈判的节奏？通过关注自己的反应，你可以考虑转换策略。确保针对各种情况都已经制定了对策，如果这个谈判对手无法实现你的目的，你还有其他途径。这就会有助于你在谈判中保持放松，这样，情绪也可以通过身体语言得以传达出来。

吓唬对方有时也很有作用。假使你正和某人谈判，他说：“看，这就是我最好的报价了，要谈就是这个，否则咱们一拍两散。”

结果你一言不发，起身就要离开。他可能会喊道：“等一等，你要去哪？”

你：“你不是说了吗？同意就谈，不同意就散。我现在就开始散了。”

他：“哦，告诉我你需要我做什么，然后能改善一下报价。”

这样你就可以使他处在防御地位。确保你已经理解成功的谈判需要包含怎样的要素才能提前筹划和落实将要采用的身体语言计划。该笑的时候微笑，甚至在不该笑的时候也可以报之以微笑，令对手以为你认同了他的报价。所有这些都是在谈判中值得考虑的要点。你表现出的身体语言不仅在谈判的规划阶段，甚至在执行阶段都将发挥举足轻重的作用。

始终铭记计划的重要性。想想在面见州长的商务部部长前，我是如何与团队成员做计划的。以角色扮演的形式筹划谈判，来预测谈判中可能会被问到的问题。使用这些策略检验你的计划是否有效，以及确定如何修改这些计划。通过提前规划和角色扮演，你不必坐到谈判桌前便可获得谈判的实时经验。

情商与谈判

高情商有助于谈判的规划和执行。正如我在第六章讨论过的，了解你的热按钮，哪些是可以促使你做出某种反应的触发器，什么是谈判对手的触发器。

情商总是与身体语言互相交织，你的热按钮和触发器在你尚未意识到之前早已激活。在你大脑尚未来得及阻止它们展示你的情绪时，微表情便已展现。

从情商的角度了解什么可以触发你。譬如，当我和某公司协商客服事宜时，我讨厌不得不在电话中久等。在客服接起电话之前，我已被激怒了。如果我发觉自己拨错了部门，我就会怒火中烧。如果再被转接三四个部门，恐怕要气炸了。对自己的了解让我学会了自我控制，这样我就不会把自己的情绪发泄到试图和我协商的人身上。

考虑到在面对面协商时你将面临同样愤怒的风险，所以你要尽量控制自己的微表情。意识到你可以通过微表情传递恐惧、愤怒、嫌恶、惊讶、蔑视、悲伤或快乐等情绪。确认表达心态的潜能，通过微表情将思维过程一览无余地展现给对手。

如果从情商的角度你理解了自己会被何种刺激物而激发，你就知道必须对此有所防备。警惕那些意在控制你的评论。譬如，当对手说："如果这场交易谈不成，你就会失去业务。"此时要藏起你的恐惧。预料到了这种策略，你就可以预演自己的反应，不会慌乱。这就是高情商的表现之一。针对情商对身体语言的影响程度，你也需要对其有所控制。

设定谈判环境

设定包括对视觉效应的考虑，了解自己试图达到的目的。回想一下我在第六章中举的例子，艾伦·卡特是如何引导谈判对手泰伦斯·蒂特勒进入他的私密俱乐部的私人餐厅的。艾伦试图营造出一种成功的氛围，并且传达这样的信息："这里环境高雅。"他知道泰伦斯想要成为能够融入这种环境的人。

你可能还会回想起艾伦试探泰伦斯的话语间透露的那股傲气。"你当然知道，泰伦斯，照料赛马需要食物、训练、请兽医，开销不小啊。你确定能负担得起吗？"艾伦的试探透露出这样的信息："稍等，这恐怕花得比你预想的要多。"泰伦斯上了钩，对艾伦保证说没有问题。

假使泰伦斯说这话时弯腰驼背，缩作一团。从身体语言的角度看，这种表情透露出来的就是"可能有问题"。当你设定谈判环境时，要充分考虑到如何使谈判对手更有利于你实现谈判目标。你是如何做到的？

· 这是否意味着必须是高雅的环境？

· 这是否意味着你必须穿某种色彩的衣服？

· 这是否意味着穿金戴银才能营造出成功形象？

所有这些都是营造影响对手的环境时必须考虑的问题。正如你所预想的那样，视觉效果可能会有利于你，也可能会有利于对手。警惕你可能会在别人的主场环境下谈判，你的对手同样有机会把环境布置得有利于自己。当然你可以不予考虑，如果你想要这么做的话。假使谈判在富丽堂皇的环境中进行，你走进会场时可以传达这样的意思："这就是你最好的环境了吗？"这样就可以灭灭对方的威风，告诉他你不会受到这种视觉效果的影响。因此，环境设定在谈判中发挥着十分重要的双重作用：既可以展现自己的优势，也可以成为谈判对手的劣势。

调整设定

很显然你对环境的设定可能会失误。你可能开始时有个初步构想，后来很快意识到这种预设对自己不利。你可以提出调整场地，谈判对手可能会问："好好地为什么要换场地？"你可以假装成为对方考虑："我想换个环境可能会让你更舒服。"

回想我在第三章中讲的，史蒂芬·伍德拉夫故意将会议室的温度调得低于邦妮·马利克的舒适范围。她抱怨气温太低，后来每次当她勉强同意某个报价或还价时，史蒂芬就提高一点温度。假使邦妮意识到或怀疑有人对温度控制器做了手脚，意识到她的行为和室温之间的关联，她可能会想："我才不要被控制。我打算彻底无视温度，装作完全适应。"看到自己的计划破灭，史蒂芬会想："这没有产生预期的效果。邦妮已经意识到我在操控温度了，我最好试试其他办法。"

意识到史蒂芬试图操控她，邦妮说："不如我们换个地方谈吧？"史蒂芬问："为什么想换个地方呢？"这时邦妮就需要提供合理的理由："座椅不太舒服，弄得我背疼。咱们换到楼下谈吧。"能够驱动你的反应的无外乎你的计划、应对环境控制的经验，或现场的策略调整。

邦妮还可以采取其他做法："史蒂芬，我注意到，只要我不同意你的报价，你就调低温度。你为什么要这样做？"史蒂芬需要给出合理的解释：如果史蒂芬足够诚实，他可能会说："我这么做，只想让你同意我的报价。我向你道歉，请你原谅我。"（策略被当场识破，他不得不请求宽恕。）如果史蒂芬不够诚实，他可能会说："邦妮，我不知道你在说些什么。如果你觉得你的报价或还价跟室温有关系，我觉得你的想法有失偏颇。"

强硬的字母和短语

使用强有力的字眼展现你的自信。读音强硬的字母包括 D、G、K、P、M 和 T，读音柔和的字母包括 S、H、F、L。想想"Go get this deal done（把这笔交易做完）"这句话的铿锵有力。这些强有力的字母会影响到你造句时如何措辞。使用强硬的辅音和字母去强调要点，使用柔和的字母去弱化其他部分。

强硬的短语暗示了你对自己提出的报价或还价的自信程度以及你对谈判走向的感觉。

强硬的短语可以传达权威，陈述你的观点然后停下来，强硬的短语已经说出了你的心声，它们更直接。不是那种“这很好，不要担心”，而是“这是一个问题，我们需要找到解决方案”，或是“我需要你的帮助克服这个难题”。

· 避免使用插入语。“哦”“有点”“我想”“我猜”“我不太确定这个”这类不确定的短语，代之以确定性的短语。

· 避免有损信誉的短语（如“我很走运”和“这没有什么”）代之以有益信誉的短语（“我很努力，谢谢你”）。

· 语气笃定。如果你不确定某些方面，尽量说些你有把握的事情。

· 接受信任和赞美。

· 避免否定性的短语。“我真抱歉，我希望你考虑我的报价。虽然报价有点低。”将你的信息以正面短语加以包装。“我很确信你会满意这个报价的。”

考虑到强硬字母和词语在谈判中的影响。再辅之以能够强调你的能力的身体语言。譬如，你指着自己说：“我们言出必行。”这种指着自己同时辅以响应的语言能够传达出权威。

与此相反，卡伦·米歇尔说：“我们绝对可以帮你实现目标。”但她并没有指向自己，身体还远离开桌子。她的身体语言以这种姿态表示“我不想和自己做的这个声明靠得太近，因为我自己也不太确信”。

你会注意到卡伦的身体语言和她的说辞并不一致。你还可以得出卡伦试图采用强硬的措辞，但总有什么不对劲。在这些话语中卡伦展示了与她的身体语言不符的自信度。因此，你应该采信身体语言。

此外，你还可以检验卡伦对自己使用的强硬措辞的确信程度。当卡伦说：“我们在这桩交易中绝对能够给你想要的东西。”你可以把她这段话换一种说法来表达，然后加上一句：“真的吗？”看她如何回答。她是重申自己的立场还是退缩了？只用一个“真的吗”，你就能确定她是否为了表现得自信而说了自己都无法确证的说辞。

你还可以再进一步问：“你说你认为在本次交易中你能保证满足我们的需要？”注意我加了“你认为”这个插入语。观察卡伦通过身体语言和话语如何反应。她可能会先停顿了一下，然后说：“哦啊，是的。”这句话中的停顿使你意识到她并非百分百的确信。

沉默的利益相关者

让我们回到沉默的利益相关者的话题，这一点我在第三章中已经有所述及。回想本章开篇我举的例子。如果人们没有相应的权力成交将会怎样？假使我们改变情景，现在约瑟到场而盖瑞没有到场。麦克和约瑟谈话时他很紧张。麦克试图了解为什么约瑟如此紧张：“约瑟，我看到你很紧张。你为什么紧张啊？你是否有能力签约？”约瑟说：“啊哦，有啊。有。”约瑟嘴里说着“是”，他的身体语言却说着“否”。在此时麦克可以说：“你说的话我都听见了，但是听起来并没有那么具有说服力。还有其他人参与谈判决策，你必须得和他协商才能签署协议吗？”

“其他人”是一个假设性的询问，意味着有人参与了谈判却没有到场。这种假设可能完全错误。但是麦克想要约瑟认为，他知道的比约瑟知道得多。当约瑟结巴地说“哦，没有其他人了”时，麦克密切关注他的身体语言。

麦克注意到约瑟的停顿。约瑟释放的信号表明他需要考虑才能给出答复。麦克质疑“真的吗”，约瑟承认“我得和我的同事盖瑞谈谈”。现在麦克承认了这个沉默的利益相关者。他答道：“我们能现在和盖瑞打通电话吗？”麦克希望所有的利益相关者都参与其中好尽快签约。盖瑞被指认为利益相关方。这就是为什么我们要时刻记得问一句是否还有其他人参与谈判。

让我们彻底改变预设。这次约瑟并没有出席谈判，只是盖瑞来了。看着盖瑞，麦克意识到他的行为：“要是能签约，我可以计较得少一点。所以我今天就想和和气气。”麦克质疑盖瑞：“还有其他人参与谈判需要听取他的观点吗？”假使盖瑞随意答道：“再没有了。”如果碰巧麦克无法完全确信盖瑞说的话，他可以在谈判开始就问清楚也是适宜的。

麦克澄清：“让我们这样理解，盖瑞，如果我们今天就在协议上签字，你可以直接签字，我们就成交了。对吗？”在此关键时刻盖瑞要么就开诚布公，要么就决定撒谎。不过在盖瑞考虑如何回应的时间里，麦克可以有所觉察。

盖瑞向上看然后向左看。正如第一章中所述，向上看然后向左看可能意味着盖瑞在追溯过去（在谈判前需要熟悉人们如何使用身体语言以便正确识别谈判中的信号）。他的身体语言表示：“等等，让我想想。还需要把谁考虑进去。”他其实早已知道有没有其他人，为什么还需要经历这样的思维过程？麦克问“真的吗”，同时关注盖瑞的面部表情。盖瑞回应说：“是我的同事约瑟。”约瑟在这次交易中有什么作用？这个问题的回答会让麦克理解约瑟缺席谈判的后果。麦克将继续追问直到他发现约瑟其实一直都在谈判中发挥着不可或缺的作用。

视觉效果与谈判

视觉效果已成为谈判中具有战略意义的部分，它们发挥着巨大作用。它设定了谈判的基调，使你具备合适的谈判心态。如下问题可能需要解决：

· 基于谈判的内容，谈判对手的行为是否得当？

· 这种状况下，什么出问题了？

· 是否发生了我需要关注的事情？

有次，我去见某位打算雇用的律师。我之所以去律所见他，而不是在电话里谈，最首要的原因是我想看看他的办公环境。我很好奇他的办公室会是什么样子，都有谁在那里工作，他们正在干些什么，有多少任务正在进行。在我离开家前，我摘掉了昂贵的手表和大学纪念指环，我不想给他留下关于我财富状况的任何线索，我不打算流露任何信息。更何况这律师打算因为他的服务而每小时收我 150 美元。如果我戴着手表，他可能会重新盘算收费，并且想："每小时 200 到 250 美元，我想这家伙恐怕也付得起。"他可能会当场调整他的费率，而我不打算给他那个机会。

说到如何布置环境，需要预测对方期待看到什么。如果你去律所拜访一位每小时收费 600 美元的律师，他的办公室通常不会太肮脏、昏暗，墙上也不会贴着不入流的图片。这样的图片注定不会出现在一个每小时收费600美元的律师的办公室。你的谈判会受到谈判环境的影响。

社会地位象征在视觉方面发挥着重要作用——人们根据你的珠宝和汽车形成对你的印象。被告律师提醒被指控医疗事故的医生不要把价值不菲的汽车开到法院来，因为害怕陪审员可能会看到并且认为医生付得起巨额赔偿。视觉因素会对谈判产生多方面的影响，所以你必须时刻意识到它们的战略作用。

你决定下一辆车买雪佛兰。你开着一辆雷克萨斯、奔驰，或是捷豹去了经销商的店。你这么做会有什么后果？你释放了一个信号："嘿，我有钱。"汽车推销员最擅长观察潜在买家的座驾了。如果你开着奔驰去了雪佛兰的店，那个销售一定会向你展示最贵的车型，并且你砍价也会很艰难。

面对糟糕的选择

当你在谈判中感到陷入绝境，该怎么办？答案就在规划阶段。如果你曾经参加过拍卖，你一定见过人们是如何兴奋地争相出价。假使两人紧张地角逐，每个人都志在必得，但到了某一点，其中一方必须退出，不要过度地投入谈判，这样你可能会失去本可以实现的好处。规划谈判就像步入拍卖厅时知道自己的心理底价一样。当你做谈判规划时，设置一个可以实现的上限。你需要设定一个中间点：如果能达到这个点，我就能同意。还需要设定一个下限，一旦报价低于这个标准，你就一走了之，不再对谈判抱有任何期望。

情商也有发挥作用的地方。能够从一场谈判中及时退出，这样你就能避免过度投入谈判而接受了低于下限的报价。想想让你退场的下限，告诉你的对手："看来今天不太可能取得满意的结果。不如我们改天再谈？"这样你就能优雅地抽身而退，而不是苛责谈判对手，说："哦，你真是个笨蛋。我真不敢相信你能提出这么侮辱人的报价。我再也不愿意和你谈了。真不敢相信你是这样的人！"不要说类似的话，因为这样退场实在不够得体。关上谈判之门时，请留一线，这样好日后重启谈判。切勿未过河先拆桥。

你可以面带笑容地说："我十分欣赏双方开诚布公的谈判。"这句话似乎在赞美谈判对手。假使对手并没有像你说的那么开诚布公，这句话就会成为一种设定边界的暗示："让我们更开诚布公地谈判吧。"

综述

关于如何打造成功的谈判、如何成为谈判专家，我已经说得太多。你需要意识到身体语言信号和非语言信号的含义。从情商的角度识别在使用触发器时，情感调整之需。

一旦你懂得了哪种微表情值得关注，你将会更好地洞察谈判对手的情感。综合利用上述多种因素，可以助你成为机敏、娴熟、成功的谈判专家，从此谈判无往而不胜，事业更加风生水起。